HISTÓRIAS DE CEGO

© Marcos Lima, 2020
© Oficina Raquel, 2020

EDITORA
  Raquel Menezes
  Jorge Marques

ASSISTENTE EDITORIAL
  Yasmim Cardoso

CAPA
  Marcel Lopes

PROJETO GRÁFICO E DIAGRAMAÇÃO
  Julio Baptista
  jcbaptista@gmail.com

REVISÃO
  Luis Maffei

DADOS INTERNACIONAIS DE CATALOGAÇÃO NA PUBLICAÇÃO (CIP)

L732h	Lima, Marcos. Histórias de cego / Marcos Lima. – Rio de Janeiro : Oficina Raquel, 2020. 156 p. ; 18 cm. ISBN 978-65-86280-05-0 1. Crônicas brasileiras I. Título.

CDD B869.8
CDU 821.134.3(81)-32

www.oficinaraquel.com
oficina@oficinaraquel.com
facebook.com/Editora-Oficina-Raquel

*Um agradecimento mais do que especial
a estas pessoas que acreditaram na campanha
para lançar o livro* Histórias de cego.

Adriana Barbedo
Adriana Silva Barbosa
Aldomir Freire Costa
Alessandra Gualberto dos Santos
Alexandre Leonato Neto
Aline Savieto
Aluisio Soares Peixoto
Ana Besserman
Ana Lidia Barbosa Lima
Ana Lúcia Vargas Arigony
Ana Maria Henriques
Ana Maria Tardin Mury
Andre Luiz de Souza Portugal
Angela Nobrega Fonti
Angelica Sales de Souza

Aninha Lima
Anna Stéphany Silva Soares
Beatrice Lima
Beatriz Assunção
Bianca de Berenguer Fernandes
Bianca do Espírito Santo Ferreira
Bruna Bueno
Bruna Massarelli
Bruna Nayara Moreira Lima
Bruna Traversaro
Bruno Viécili
Camila Carneiro
Carla Beraldo
Carlos Haddad
Carol Simm

Carol Sims
Carolina Ghorayeb
Caroline Cardoso Souza
Cesar Lopes Aguiar
Cintya Floriani
Claudia Mauricio
Cleiton de Sousa Moura
Cristiani Mury Saad
Cristiani Mury Saad
CyberTigra
Dani Arruda
Daniela Roechow
Daniele Martins de Almeida Borçato
Danilo Pereira Franco de Souza
Dayanne Clemente Gonçalves dos Santos
Dina Pereira de Melo
Eduardo Butter Scofano
Erika Pires Vieira
Evelina Aparecida de Oliveira
Ewerton Franco de Camargo
Fabio Betti Salgado
Felipe dos Santos Pereira da Silva
Felipe Gavino Carneiro Costa
Felipe Tiso
Fernanda Camargo
Fernando Alves Pinto Junior
Fernando Antônio Montenegro Damasceno
Fernando Eduardo da Silva
Fernando Pelin
Flavia Silveira de Azevedo
Flávia Weiner Parente Eizirik
Gabriel Senna
Gabriela Nóra
Georgia Malva da Silva Lima
Guilherme Castro
Gustavo Nascimento
Helder Filho
Henrique Santos
Histórias de Ter.a.pia
Ibraima Dafonte Tavares
Jacqueline Belotti
Jana Alves Dias
Jéssica Magalhães
Jessie Vic
Joanne Bruno Viana
João Pedro de Oliveira Borsani
Joaquim Monteiro
Jocemar Junior
Jorge Felipe
Juan Jose Salgado Saavedra

Juliana Pereira de Faria
Juliane Aline Feltrin Ferreira
June Alves de Arruda
Karen Matesco Nunes V. Lins
Karina Trotta
Kennya Pimentel Novais de Mendonça Costa
Lara Gondim Toledo
Larissa Maria Vitor Dourado
Larissa Pereira Gonçalves
Lêda Maria Gomes
Leo Cagnani
Leonardo Coelho de Velasco
Leticia Alves
Leticia Fonti
Letícia Riguetto Nunes
Lidiane Manthay Leal
Livia Bragato Sales
Luciana Harada
Luciane Moutinho
Mailê Novôa
Manu Ilgenfritz
Manuela Silveira
Márcia Alves Esteves Lima
Marcia Maurício
Marcilio Ribeiro de Sant'Ana
Marcio Minuzzi Passos

Maria Cecília Moutinho
Maria Danielle Oliveira Silva
Maria Flor Abrantes Brazil
Maria Lucia Mury
Mariana de Lamare
Mariana Esteves
Mariana Kohnert Medeiros
Mariana Meira
Mariana Souza
Mariana Verdun
Mariana Vieira de Mello
Mariele Pantaleao
Marilia Mesquita Guedes Pereira
Marília Morais
Marina Françoso
Maxwell Correia de Araujo
Melissa Haberkamp
Milkluv Delfim
Monique Mury Saad Onuki
Nádia de Oliveira Ribas
Nadia Garcia
Neylor Toscan
Nilza Rodrigues Verdan de Aquino
Nina Attias
Pablo Roxo

Patricia Mury Saad
Patricia Regina Lopes Moreira
Patricia Vasconcellos
Paula Barcelos Pimentel
Paula de Campos Monteiro
Paula de Faria Fernandes Martins
Paula Gisele Gomes Rassia
Perivaldo dos Santos Carvalho
Priscila Silveira Ferreira
Rafael Roger Ferreira do Nascimento
Rafaela Debastiani
Regiane Bochichi
Regina Antunes
Renata Sanches Barbosa
Renato Frosch
Ricardo Edson Lima
Roberta Pope
Rodolfo Freire de Almeida
Rodrigo Pontes de Lima
Samara de Figueiredo Gonçalves
Sandra Mara Kawasaki
Sheila Maria Sirydakis
Sônia Rooke Las Casas
Tainara Schneider
Tamara Toledo
Teresa J C D Amaral
Thais Castro
Thaise Gomes
Thalita Bessa Pires
Thalita Gelenske Cunha
Thalita Oliveira
Thiago Carvalho Bayerlein
Thiago Chacon
Usiel Haddad
Valéria Carvalho Santos
Vanderson Berbat
Vanessa Sales
Vanessa Viana
Vera Alice da Silva Peres
Veronica Santana da Fonseca Baptista
Vinicius Fernandes dos Santos
Vitor
Vitória Aline Viana
Vivi Vresk
Vivian Alt Vieira
Wagner Crivelini
Wellington Ismail
Yanna Cunha

INTRODUÇÃO

Me lembro como se fosse hoje. Ou melhor, como se fosse em 2010: eu e meu amigo de infância, Anderson, conversando sobre como os cegos identificam as coisas enquanto caminhávamos pelas tumultuadas calçadas do Rio. "Eu sei que é uma farmácia pelo cheiro", ele contou. E aí veio a vontade: Por que não contar tudo isso pro mundo?

A aventura literária chamada *Histórias de cego*, que começou em 2010, teve apenas seis meses de duração. Foi, no entanto, um período bastante interessante, em que o espaço, então uma coluna no site da ONG Urece Esporte e Cultura (da qual fui um dos fundadores), ganhou audiência e uma repercussão que nem eu mesmo imaginei. Até matéria na TV Brasil na época nós viramos. No entanto, por diversos motivos que transcendem a minha deficiência, eu não fui mais capaz de atualizar a coluna conforme gostaria. Assim, quando o nosso antigo servidor saiu de vez do ar, eu perdi todas as histórias publicadas e, principalmente, os comentários e participações dos leitores, a verdade é que a coluna já tinha morrido há muito tempo.

Mas sempre existe uma luz no fim do túnel... mesmo para quem é cego quase de nascença, como eu. Ao longo desse tempo sem o *Histórias de cego*, eu sabia que um dia o projeto iria voltar (ele tinha que voltar), e chegou o momento de relançá-lo. O formato escolhido foi ligeiramente diferente: um blog.

Foi assim que, já com endereço próprio e um imenso apoio de muita gente, entre 2013 e 2017 o *Histórias de cego* ganhou personalidade e mais de 80 crônicas, além de ter se expandido para Facebook, Youtube e Twitter. O número de palestras, treinamentos e consultorias se multiplicou, e com eles eu podia pagar minhas contas de luz (sim, cegos também pagam conta de luz). Como eu estava sem emprego desde que o meu contrato com o Rio 2016 acabou, dependia muito do blog para que as empresas me conhecessem e me contratassem.

Até que, em junho de 2017, outro probleminha no servidor culminou com a perda de todo o conteúdo do blog. O *Histórias de cego* não é um gato, mas já gastou duas de suas vidas. Foi triste perder tudo pela segunda vez: comentários, postagens, links, vídeos... Foi uma grande tristeza; no momento em que eu mais precisava, já não existia blog. Voltei à estaca zero.

Mas a vida continua e mesmo sem piso tátil, vamos seguindo em frente. Os textos em si ficaram salvos e agora são relançados em formato de livro, homenageando muitos leitores que não se cansaram de pedir uma edição impressa nos comentários do finado blog. E é assim que começa esta nova fase do *Histórias de cego*.

O objetivo do *Histórias de cego* é aproximar os leitores do cotidiano das pessoas com deficiência visual. Sem ser ranzinza, quero dar um peso menor à deficiência, trazendo os aspectos menos conhecidos da vida de uma pessoa que tem que se virar sem enxergar em um mundo tão visual. Dificuldades e soluções, superação de obstáculos, tecnologia, preconceitos e, sobretudo, muitas histórias.

O *Histórias de cego* também existe nas redes sociais, com o canal do youtube que tem 180 mil inscritos e mais de 4,4 milhões de visualizações, além de perfis no Facebook e no Instagram.

Acesse:
Youtube: https://www.youtube.com/historiasdecego
Instagram: @historiasdecego
Facebook: https://www.facebook.com/historiasdecego

SUMÁRIO

Incluir ou não incluir, Eis a questão 15

Cego por bola 22

Não enxergamos (os) obstáculos 28

Entre quatro portas 32

O nosso 7 de setembro de cada dia 35

Como os cegos enxergam o mundo 38

Família! Família! 44

As definições de cego foram atualizadas 49

À esquerda, o abismo 53

Os álbuns fotográficos dos cegos 59

Fogo amigo 66

Por que não enxergamos obstáculos 74

Em busca do conde cego de Luxemburgo............ 81

A cura.. 88

Emozzjoni, a vitória da derrota..................................... 94

Eu não quero a visão, quero a visualização............... 106

O poder do esporte paralímpico 111

O dia em que caminhei em duas rodas...................... 116

Troca de olhar... 123

Pela porta da frente.. 130

Afinal a final... 136

Nem branco nem azul... era preto mesmo! 146

As dez melhores coisas de ser cego 150

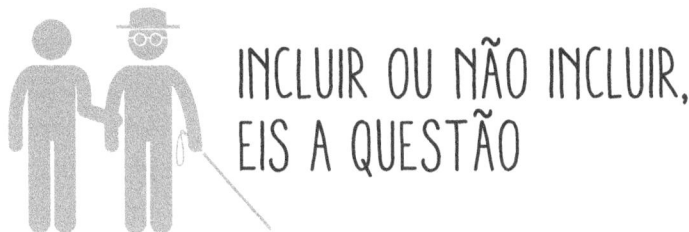

INCLUIR OU NÃO INCLUIR, EIS A QUESTÃO

Muitas pessoas já me perguntaram o que eu acho da ideia de as escolas regulares atenderem às pessoas com deficiência, restringindo o papel das escolas especiais.

Para mim é difícil falar de todos os tipos de deficiência, de modo que não vou entrar no mérito da questão de uma maneira mais abrangente. Como o nosso papo aqui é deficiência visual, vou dar a minha opinião sobre o assunto no que tange a este segmento específico. Deixo claro que não sou pedagogo, nunca estudei essa questão pelo viés das teorias de educadores; eu quero simplesmente compartilhar alguns pensamentos frutos todos da minha experiência como pessoa com deficiência visual.

Antes de tudo, vale explicar a minha história, resumidamente. Nasci com glaucoma congênito, detectado quando eu tinha alguns meses de idade. Não obstante todo o esforço da minha família e as dezesseis cirurgias realizadas, com 6 anos eu perdi completamente a visão. Nesta época, já estudava no Instituto Benjamin Constant, escola especial voltada para o ensino de alunos cegos e com baixa visão. Ali permaneci até os meus 16 anos, quando completei a oitava série. Depois, prestei concurso para o Colégio Pedro II, onde estudei os três anos do ensino médio (ou segundo grau), até que, passando no vestibular de jornalismo, ingressei na Universidade Federal do Rio de Janeiro.

Tudo isso para dizer que eu sou um grande entusiasta e, mais do que isso, um produto da escola especial. Para mim, ela foi fundamental no meu crescimento como pessoa e como profissional. Conviver com amigos que tinham deficiência visual me ensinou muito. Se eles podiam amarrar o tênis sozinho, eu também podia; se eles, moradores inclusive de municípios da Baixada Fluminense, podiam voltar sozinhos pra casa eu, que morava há menos de um quilômetro da instituição, também podia; se eles podiam jogar bola, por que eu também não podia? E foi assim que, mesmo sem saberem, os meus amigos, colegas e conhecidos me ensinaram muita coisa. Ali eu não era o cego, mas apenas mais um cego, de quem ninguém passaria a mão na cabeça por conta da deficiência, já que existiam centenas de outros com as mesmas características.

Fico pensando que, se em vez disso eu, desde pequeno, tivesse estudado em uma escola comum, onde eu seria o único aluno com deficiência visual, eu teria perdido a chance de me desenvolver.

Afinal, em meio a tantas crianças que enxergam, eu sempre seria o "ceguinho". E, sem exemplos nos quais me espelhar, talvez hoje eu fosse uma pessoa bem mais limitada.

Se posteriormente na minha vida pude conviver com videntes.... Não me refiro às Mães Dináh; vidente, na nossa gíria, quer dizer pessoa que enxerga. Dizia eu que se consegui posteriormente conviver com videntes sem que eu fosse apenas o "ceguinho" do grupo, foi porque, enquanto estava na escola especial, tive as bases e a confiança necessárias para me posicionar na sociedade, com meus defeitos e qualidades, com minhas virtudes e deficiências que infelizmente vão muito além da visual.

Se não fosse essa convivência, eu não teria aprendido a jogar futebol (e como seria a minha vida sem uma bola de guizo?) e, sem ingressar no esporte, eu não teria disputado tantos campeonatos e viajado três vezes para fora do Brasil por conta deles... Exagero? Pensem pois: como eu poderia jogar futebol em igualdade de condições se eu fosse o único cego num raio de 5 km? Sem conhecer outros cegos, como eu poderia saber que se formavam equipes de futebol de 5 e que se disputavam campeonatos nacionais e internacionais?

E, se não fosse assim, eu não teria visto e vivido o quanto o esporte muda a vida das pessoas e o quanto a gente pode fazer mais por isso. E, se não fosse tudo isso, hoje seguramente a Urece não existiria, mesmo porque o Anderson, o

Gabriel, o Filippe e tantos outros não teriam feito parte da minha história e da história da Urece.

Se não fosse a convivência diária com meus amigos com deficiência visual, eu não teria aprendido que para tudo se dá um jeito e que a maior deficiência é a capacidade de autolimitar-se e o maior impedimento, longe de serem esses olhos que olham e não veem, é a falta de acessibilidade. Não teria aprendido que se pode colocar uma bola dentro de um saco plástico e jogar futebol guiados pelo barulho que ela produz em contato com o piso ou, na ausência de uma esférica de verdade, nunca teria pensado que basta uma garrafinha plástica qualquer cheia de pedrinhas para garantir a diversão de uma tarde inteira.

Se não fosse a convivência com meus amigos cegos e deficientes visuais, eu provavelmente teria me limitado a fazer o que as pessoas achavam que um cego pode fazer.

"Eu não ando sozinho porque sou cego, os outros andam porque eles enxergam". "Eu não posso tirar notas boas porque eu não enxergo e então é difícil pra mim aprender matemática; os outros enxergam e então eles vão bem". Isso para não falar em toda a estrutura pedagógica que eu tive no Instituto Benjamin Constant, com professores preparados para ensinar pessoas com a minha deficiência, com turmas bem menores que permitiam aos mestres fazerem um atendimento quase personalizado em muitos momentos, com livros e apostilas em Braille, com uma biblioteca com centenas de títulos em Braille ou em áudio... Ou seja, embora estejamos apenas em um exercício de adivinhação, provavelmente eu não seria o que eu sou hoje.

Mas aí chega a hora de voar! E esse momento chegou para mim, justamente ao final do primeiro grau. OK, já tinha vivido e crescido com meus amigos que também têm deficiência visual, já tinha apreendido os limites e principalmente as potencialidades da minha deficiência, de modo que chegara o tempo de quebrar os elos com o mundinho feito para mim e me inserir na vida real. Não, o mundo não é feito de colegas e professores que têm a mesma deficiência que você, livros em braille, materiais adaptados... Pelo contrário, essa é apenas uma pequenina exceção. O mundo real é construído por uma maciça parede de preconceito, de injustiça, de falta de acessibilidade, de exclusão, mas tampouco adianta esconder-se num quarto escuro e esperar que ninguém te encontre, porque é nesse mundo cão que você vive. Então, é preciso buscar o seu lugar nele, por mais que pareça mais confortável continuar sempre agarrado ao maternal colégio onde tudo é feito para atender as suas necessidades.

E, com meus 16 anos, entrando em uma escola regular, cercado de colegas que não apenas não tinham deficiência, como também nunca tinham visto um cego na vida (que dirá dois, pois éramos eu e meu amigo Filippe, encolhidos no primeiro dia de aula, querendo saber que bicho ia dar), comecei a aprender que existe muito mais no mundo e em mim mesmo.

Não tardei a descobrir na prática que sou muito mais que um cego, que podia sair na mão com meus amigos apenas por brincadeira e ganhar ou perder como qualquer outro... Aprendi que por mais difícil que fosse a matemática ou a física, sempre se podia dar um jeitinho para entender um gráfico, porque se eu tinha sido capaz de fazer antes quando meus companheiros de turma tinham deficiência visual, por que eu não conseguiria agora também? Aprendi que existem coisas socialmente aceitas e que outras não o são e que, ao contrário de você, as outras pessoas enxergam e aquele dedinho no nariz não ia passar desapercebido. E por isso esses anos foram fundamentais para o meu crescimento como pessoa e como profissional.

"Ué, eu já li isso antes", você deve estar pensando. E já leu mesmo, no início do texto, referindo-se exatamente à escola especial. E isso resume bem o que eu penso sobre o assunto: há hora pra tudo. Escola especial é fundamental para você crescer com outras pessoas que têm a sua mesma deficiência e aprender, com elas, a exigir-se ao máximo para se tornar o mais independente e autônomo possível, sem usar a deficiência como escudo ou desculpa porque você é exatamente como seus colegas. E existe também o momento de entrar no mundo real, em que nem sempre terão compaixão ou compreensão com você ou com a sua deficiência, pois, na verdade, é nesse mundo que nós vivemos, com suas injustiças e idiossincrasias, mas só é possível mudá-lo estando dentro dele.

Este é apenas um relato das minhas experiências.

Não digo aqui que pessoas cegas que estudaram a vida inteira em escolas regulares não podem ser grandes profissionais e sem dúvida existem aquelas que são muito mais avançadas e desenvolvidas que eu. O que eu quero dizer com esse relato é que certamente ter convivido com colegas cegos e com colegas sem deficiência foi importante demais para minha formação enquanto pessoa, um atalho que só me dou conta da importância agora que olho para trás (e não enxergo nada).

CEGO POR BOLA

– Toma aê?
– Vai!
– Toma mesmo?
– Vai!
– Então lá vai...

Gritos como este, com essas exatas palavras, ecoaram por toda a minha infância no pátio interno do Instituto Benjamin Constant, escola para alunos cegos e com deficiência visual em que estudei durante todo o primeiro grau. Localizado num dos cantinhos da ampla área, o gol a gol era o nosso campinho de pelada. E espero que ainda continue sendo nessa geração dos jogos virtuais.

O comprido e estreito espaço, apertado entre uma parede com janelas e um gramado, com as 4 pilastras laterais sendo aproveitadas como trave e como demarcação para as penalidades do jogo, o gol a gol era um dos centros pulsantes das crianças cegas que, como eu, descobriam que apesar de tudo, era possível jogar futebol. Recentemente, estava discutindo o tamanho do nosso campo improvisado com meu amigo Anderson, e nos surpreendemos ao constatar que ele não tinha mais que 10 ou 15 metros de extensão (e aquilo parecia um mundo quando éramos pequenos!).

Antes de eu conhecer a bola de guizo ou mesmo de sonhar que existia uma modalidade chamada futebol para cegos, meus anseios de jogador se realizavam naquele exíguo corredor.

Esporte e campo tinham o mesmo nome: gol a gol. O gol a gol, com suas regras desenvolvidas e aperfeiçoadas ao longo de gerações de alunos cegos, era disputado sem que os times tivessem contato entre si. Confinados a seu campo, as equipes, que em geral tinham no máximo 3 jogadores, se revezavam para chutar a bola, objetivando fazê-la passar no vão de pouco mais de um metro entre a pilastra e a parede do campo adversário, onde os defensores, sem permissão de ir além do bico da janela, se aglomeravam para tentar impedir o tento. Como o gol tinha uma altura de mais ou menos uns cinco metros, se não mais, um chute que pegasse altura suficiente era quase sempre convertido em gol. Assim, nas partidas mais disputadas, os jogadores faziam uma defesa conhecida como torre, com os mais leves subindo no ombro dos mais fortes. Não era raro a torre ter três pavimentos.

Os chutes eram dados, impreterivelmente, de um ponto no chão logo abaixo da última pontinha do parapeito da janela, que também demarcava o limite máximo em que um jogador podia defender. E era antes de cada chute que se ouvia o ritual do "toma aê", descrito no início do texto. Um disparo não precedido pela famosa pergunta e o infrator tinha um pênalti marcado contra si. Pênalti era o pior pesadelo do gol a gol, permitindo ao adversário a chance de dar o seu chute da pilastra mais próxima à sua meta de ataque, a uns dois ou três metros da linha do gol, que nesse caso contava com apenas um único goleiro, o atleta que infringira a regra. Penalidades do tipo também eram assinaladas quando, por exemplo, a rigorosa ordem dos chutes, em que um jogador só podia fazer uma nova tentativa quando todos os demais da equipe houvessem chutado era quebrada.

Havia também as infrações conhecidas como comum e perigosa. Nessas ocasiões, os chutes dos adversários podiam ser feitos de distâncias menores, sempre proporcionais à infração cometida.

Mas o aspecto mais curioso do gol a gol era a bola. Bola, no caso, é uma maneira de dizer que nem sempre tínhamos bola. Na verdade, nos primeiros anos, o mais comum era mesmo jogarmos com uma lança, que é o nome que demos a uma engenhosa porém simples invenção: preenchíamos uma garrafa de refrigerante ou de desodorante (muito embora variantes fossem aceitas sem problemas no desespero) com pedrinhas tipo brita, cujo chocar durante o deslocamento daquela bola improvisada fazia o barulho que nos permitia localizá-la.

O essencial era que o recipiente tivesse uma tampa para que a lança não acabasse fazendo jus ao nome e fosse despejando pedras em seu caminho rumo ao gol adversário.

Claro que receber uma garrafada na cabeça não era lá muito agradável, mas em nome da verdade devo dizer que nunca presenciei nenhum acidente.

Mais tarde, com as bolas tipo dente de leite, o processo de barulhização era um pouco mais simples. Dependíamos unicamente de uma sacola plástica, dessas de supermercado, dentro da qual acondicionávamos a bola, dando posteriormente um nó para manter a pelota ali dentro. O farfalhar do plástico era o que produzia o som. Claro está que, sendo chutado de um lado para o outro, o saco plástico não tinha uma duração maior que a de alguns minutos. Como em geral não tínhamos uma grande reserva de sacolas à nossa disposição, era muito comum termos que interromper emocionantes disputas para praticar verdadeiras cirurgias nas sacolas, que eram reconstituídas por meio de nós dados com as pontas soltas em cada rasgão que se abrira, como um ponto mesmo. Havia, entre nós, verdadeiros cirurgiões, especialistas em dar sobrevida a trapos que um dia haviam sido sacolas e, por conseguinte, aos nossos jogos.

No entanto, na maior parte das vezes, eles pouco podiam fazer. Era aí que, não tendo uma sacola substituta, iniciávamos uma peregrinação pelo colégio, em busca de uma boa alma que nos fornecesse o combustível para reaquecer as nossas intermináveis peladas. Os sacos de lixo, que por sua natureza não produzem muito ruído, eram aceitos com relutância e apenas em último caso. Preferíamos mesmo as sacolas de supermercado. Não raro, todavia, ficávamos sem jogar por falta de sacos. E então, haja tédio! Chegamos a criar a obrigatoriedade de uma doação semanal de sacolas plásticas a todos que quisessem participar.

Enquanto estive no Benjamin, vi o surgimento de outras modalidades como o monzebol (uma espécie de gol a gol com as mãos, em que a bola tinha que quicar na trajetória) e o cegovôlei, disputado em duplas e no qual a bola podia quicar uma vez no chão da quadra adversária. Tenho o orgulho de dizer que fui um dos criadores deste voleibol cegueta.

Nunca mais vou esquecer do dia em que eu e o Filippe estávamos envolvidos numa disputa acirrada tendo contra nós toda a torcida de umas vinte pessoas. Justamente por termos sido os inventores daquela modalidade, nos queriam ver destronados.

Mas estas e outras práticas eram como modas passageiras, tendo uma existência fugaz em um mundo dominado pelo gol a gol. O gol a gol era tão importante, que o Grêmio

Estudantil organizava campeonatos oficiais da modalidade, com semanas de duração, em que se premiava inclusive o artilheiro.

Desse modo, não exagero em dizer que o gol a gol foi o início de minha carreira no futebol de cegos, algo como minha categoria de base. Foi naquele estreito corredor que aprendi a chutar e a defender, foi ali que aprendi a lidar com a pressão da torcida, foi ali que, sobretudo, aprendi a ganhar e a perder. E senti, bem de pertinho, o gosto de ser um futebolista. Cego sim, e daí? Cego por bola, eu diria!

NÃO ENXERGAMOS (OS) OBSTÁCULOS

As ruas do Rio de Janeiro (e falo do Rio porque sou daqui, embora tenha certeza que na maioria das cidades brasileiras é assim) são verdadeiras pistas de obstáculos.

Se para o cidadão comum às vezes é difícil caminhar (que digam os mais idosos ou aqueles com carrinhos de bebê), imagina as pessoas com deficiência, cadeirantes que não acessam quase que lugar nenhum e nós que não enxergamos. Carros mal estacionados, buracos nas calçadas, orelhões, mesinhas de restaurante, postes, calçadas levantadas por conta de raízes de árvore ou saídas de garagem, hidrantes, barraquinhas diversas e até pontos de ônibus são só alguns exemplos de objetos que, cedo ou tarde, acabarão cruzando o caminho de um cego. Quando digo cruzar o caminho, por favor entendam da maneira mais dolorida possível.

E o pior é que isso normalmente acontece quando você precisa ir a uma entrevista de emprego, a uma reunião importante ou encontrar a garota dos seus sonhos... Ou seja, sempre que um galo na testa ou um inchaço na canela ou além são completamente indesejáveis.

É como quando você, amigo leitor, está caminhando com aquela calça branquinha e de repente vem um carro, passa por cima de uma poça e plaft! Você fica imundo e encharcado a um só tempo! Só que, para os entraves aos quais me refiro nesse texto, nem é preciso ter chovido recentemente. Além do que, pensando bem, acho que nós cegos estamos ainda mais vulneráveis que vocês aos banhos involuntários de cada pós-tempestade. Ao menos vocês têm a opção de correr quando detectam poças muito grandes na rua junto a si; não que isso garanta um salvo conduto, eu sei, mas é que nem isso os cegos podem; é que, ainda que fôssemos capazes de detectar tais acúmulos aquosos, sair correndo para evitá-los traria males ainda maiores que um banho de lama.

Segundo a Associação Internacional dos Cegos Acidentados (na sigla "Ai que dor!"), os obstáculos são classificados de acordo com a nossa parte do corpo mais atingida em um confronto direto com cada um deles. E podem ter certeza que sobra para pé, canela, joelho, cabeça etc. Os orelhões, rechonchudos e amplos em cima e fininhos embaixo, representam uma ameaça até injusta de tão maquiavélicos. Como eles são sustentados por uma fina haste, é bem difícil que a nossa bengala as toque antes que a cabeça já tenha golpeado a parte de cima desses criminosos aparatos. Duvido muito que exista algum cego que nunca tenha dado de cara num telefone público. E pensar que antigamente, quando os orelhões eram realmente úteis e utilizados, você além de dar com a cara, ainda atropelava, de forma até pouco digna, a pessoa que estivesse ali parada, de costas, tranquilamente ao telefone.

Existem também umas coisinhas de ferro ou de cimento, acho que o nome bonito é fradinho, que servem para os carros não estacionarem nas calçadas. As menorzinhas, do tipo chamado gelo baiano, são um convite aos tropeções, enquanto que as mais altinhas e finas, embora igualmente maciças, por vezes escapam ao esquadrinhamento de nossas bengalas, mas em geral as nossas canelas não têm a mesma sorte. Elas são tão perigosas que às vezes eu sinto falta dos próprios carros. Pelo menos eles são grandes (ou seja, perceptíveis pela bengala ou pela diferença auditiva) e são feitos de materiais cujo choque, ainda que dolorido, não deixa tantas marcas. De modo que esses pequenos aparatos urbanos, concebidos para compensar a falta de educação dos muitos que vão largando os veículos em qualquer canto, são apelidados por nós de anticegos. Nessa linha, os hidrantes (e seus primos pirulitos), que são um pouco mais altos porém tão de ferro quanto os fradinhos, são carinhosamente chamados de capa cegos, e a razão vocês podem imaginar.

Por tudo isso (e acredite, por muito mais), muitas vezes em nossas vidas, todo cego que se preze traz consigo uma coleção de hematomas, que são sempre substituídos, mas quase nunca eliminados. Todos os desprovidos da visão dos olhos que já andaram sozinhos pelas ruas e calçadas já deram um chute, uma canelada, uma joelhada ou uma cabeçada em alguma dessas parafernálias urbanas. E eu, de verdade, não sei decidir o que é pior, se a dor da pancada ou a comoção popular que se forma em redor do pobre "ceguinho" que acabou de se estrepar.

Assim, se nós, pessoas e atletas com deficiência visual, não enxergamos obstáculos – porque vencemos os limites, transformamos o impossível em algo ultrapassado –, é preciso notar que nós também não enxergamos os obstáculos, esses todos aí, que estão por todas as calçadas brasileiras. Portanto, por favor, tirem-os daí ou tirem-nos daqui!

As nossas canelas agradecem. E o resto do corpo também.

ENTRE QUATRO PORTAS

Um dos ambientes em que mais me sinto desconfortável e vulnerável é dentro de um táxi, principalmente quando sou o único passageiro. E isso não é só porque já tenham me levado nota de R$50 a dizerem que era de R$5, porque já tenham me cobrado 90 reais numa corrida que dava 50 (e você vai discutir!), ou porque já tenham me deixado diversas vezes em lugar errado... É mesmo pelo conceito do transporte, em que você fica dentro de um carro particular, a ser conduzido por alguém que você nunca viu antes. E numa cidade em que muitos taxistas infelizmente te tratam como se estivessem a fazer-te um favor, isso se torna um problema não apenas para os cegos, mas para boa parte dos passageiros.

Também me sinto a mercê do cidadão, sem poder ver para onde estou indo, que curvas são essas ou se ele não está dando uma voltinha a mais só para me tirar alguns centavos.

Claro, existem as muitas exceções, como aquele taxista que um dia não quis cobrar a corrida porque se sentia honrado de ter me levado em seu carro (não porque eu fosse famoso, mas porque eu era cego mesmo), mas fato é que os anos se passam e eu me sinto vulnerável.

Um carma que me persegue, parecendo botar-me sempre à prova é o de muitos taxistas com quem ando simplesmente não saberem como chegar aonde eu quero. E estou falando de caminhos simples como pegar o Aterro ou chegar à Tijuca! Por mais estranho que possa parecer, lá estou eu, guiando o atarantado motorista, "quando você vê aquele posto de gasolina, vira a esquerda" ou "agora, pega a direita que é a próxima". Sinceramente, fico pensando quem de nós dois está dando o maior voto de confiança: se o motorista a ser guiado por um cego ou se eu a ser transportado por alguém que não faz a mínima ideia de onde está indo. Mas alguns abusam da minha boa vontade: "é naquele prédio com grades verdes?"

Não obstante a minha aversão aos táxis, que faz com que em geral eu prefira ônibus ou metrôs, simplesmente porque, mesmo ruins como são, ao menos têm um caminho fixo e invariável, foi num dos amarelinhos do Rio que aconteceu uma das histórias que mais faz sucesso entre minhas audiências. Transportemo-nos para o mês de novembro de 2010, quando a cidade do Rio de Janeiro passava por um de seus momentos recentes mais delicados: carros e ônibus queimados para tudo quanto é lado, arrastões, medo, terror, a gente saindo mais cedo do trabalho... E então se decide invadir o Complexo do Alemão.

Claro que com a cidade naquele estado não havia mesmo condição de pegar ônibus (imagina se decidem botar fogo no veículo e eu lá dentro, sem atinar com a saída, algo quase pior do que cego perdido em tiroteio). Este taxista, no entanto, era dos mais simpáticos, daqueles que acreditam no poder de dois dedos de prosa pro trânsito fluir mais rápido.

– Semana passada levei um amigo seu – ele foi dizendo logo que eu entrei no carro.

– Amigo meu, é? – perguntei espantado. – Mas o senhor me conhece?

– Era amigo seu, tenho certeza.

– Mas pra onde o senhor o levou? – Perguntei, tentando ganhar tempo.

– Lá pra Niterói. – Dizendo uma rua que eu nunca tinha ouvido falar.

– Ah... Mas eu não tenho nenhum amigo em Niterói!

– Sei lá, mas não enxergava, igual a você. – ele sentenciou.

Nesse momento as notícias da iminente invasão ao Alemão tomaram nossa tensão no rádio. Não sei que bandido havia se entregue. Foi a minha deixa:

– Esses seus amigos...

– E eu lá tenho amigo bandido? – respondeu ele de maneira brusca.

– Sei lá, mas enxerga!

O cara era boa praça, riu e ainda por cima me deixou no lugar certinho, me cobrando o preço justo pela corrida. Até que esse povo que enxerga às vezes é bem gente boa!

O NOSSO 7 DE SETEMBRO DE CADA DIA

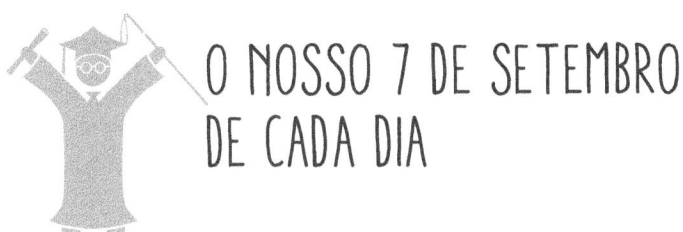

M e deram dois pregadores bem grandes, nunca tinha visto daquele tamanho.

No entanto, mais estranhos do que os pregadores em si, era o que eu deveria fazer com eles: criar uma história. Eu estava em Washington, pela segunda vez. Tudo começara no ano anterior, quando eu fui um dos 17 aprovados, em mais de cem inscritos, para participar do Global Sport Mentoring Program (GSMP), programa organizado pela Universidade do Tennessee com apoio do Departamento de Estado dos Estados Unidos.

Essa foi uma experiência que mudou a minha vida. Foram 35 dias em que eu era o único brasileiro entre colegas de outros 16 países, todos trabalhando em algum projeto relacionado à pessoas com deficiência. O programa era constituído por cinco semanas. A primeira semana passáramos ali mesmo em Washington, conhecendo os colegas, participando de atividades e até mesmo visitando pontos turísticos da capital americana.

Eu tentando me adaptar a uma língua diferente, a estar sozinho em um país desconhecido, tarefas que foram bastante complexas ainda que eu tenha podido sempre contar com o apoio do excelente corpo de professores e dos demais participantes. As três semanas seguintes foram em Nova York, onde fiz um estágio em uma empresa de comunicação esportiva, desenvolvendo o projeto que apresentei na última semana do GSMP.

Reunidos todos na Universidade do Tennessee (na cidade de Knoxville), apresentamos nossos projetos individualmente. Como o meu foi escolhido o melhor, recebi o convite para, um ano depois, voltar ao GSMP, mas agora na condição de ex-aluno, para dar uma palestra à nova turma.

E por isso eu estava ali, de volta a Washington, sentado em uma roda, com aqueles pregadores na mão, diante de companheiros que eu acabara de conhecer, tendo que contar uma história em meu inglês que estava ainda enferrujado (por sorte, minha palestra seria apenas daí a dois dias e então eu teria tempo de pegar no tranco).

Mas naquele exato momento, eu não tinha mais nenhum tempo. Chegara a minha vez. Estavam todos esperando que eu contasse uma história a partir daqueles pregadores gigantes. Falei então de um menino que tinha uma deficiência. Quando ele era adolescente, sua mãe não deixava ele sair de casa sozinho, nem ao menos ir à escola sem que tivesse alguém para acompanhar. Ele concordava, tinha medo de enfrentar o mundo, de se ver sozinho, de ter que pedir ajuda a desconhecidos. E assim ia adiando o dia de sua independência... Um pregador preso no outro, ele segurando na mão da mãe, sem coragem de enfrentar o mundo. O tempo passou e agora aquele menino estava ali, diante de tantas pessoas que ele acabara de conhecer, pela segunda vez viajando sozinho a um país estrangeiro, tendo que lidar com ajudas e esquecimentos em aeroportos, alfândegas, filas de imigração. Aquele menino era eu. E o simples estar ali já significava muito para mim.

Sim, eu proclamara a minha independência. Todos os cegos precisam do seu 7 de setembro, do grito de independência, do momento em que passarão a tomar conta de suas vidas. O meu veio tarde, mas veio. Claro que é mais confortável andar com alguém e não há problema nenhum nisso; o problema é quando você passa a depender de alguém para ir onde se quer ir. E ali, com aqueles dois pregadores e diante de pessoas de 4 continentes, eu entendi que por vezes a vitória é simplesmente você chegar aonde se quer chegar.

COMO OS CEGOS ENXERGAM O MUNDO

Acho que todo o cego já ouviu alguém dizer que, "Deus tira uma coisa mas sempre dá outra", a versão deficiente visual do famoso "Deus quando fecha uma porta sempre abre uma janela", em referência ao fato de, em geral, apresentarmos os outros quatro sentidos mais aguçados quando comparados às pessoas ditas normais (ou videntes, que é como nos referimos a quem enxerga).

Religiosidades à parte, o que acontece é que naturalmente audição, tato, olfato e paladar ganham um papel mais destacado em nossa percepção e por isso têm a necessidade de se desenvolver mais. Não é algo automático, do tipo "abracadabra, faz-se uma audição mais aguçada!"; é que nós, como não vemos, somos forçados a prestar mais atenção nos sentidos que funcionam. E nada daquilo de que cego enxerga com os olhos do coração... A gente não enxerga com olho nenhum mesmo, mas tenta compensar com os outros sentidos.

Ou seja, vamos fazendo o que dá, buscando sobreviver nesse mundo tão visual.

Já vi estatísticas que dão conta de que até 85% de toda a informação recebida por um indivíduo vem por estímulos visuais. Ou seja, todos os dias já começamos 85% atrás de vocês.

Claro está que mesmo a combinação de audição e tato acuradíssimos não substitui 100% a visão (e nem chega perto disso). Todavia, são muitos os exemplos que posso dar de coisas que vocês veem com os olhos e que a gente também vê, mas utilizando outros sentidos.

Mesmo vocês, pobres videntes, se cobrirem os olhos vão perceber, em alguns segundos, que os outros sentidos, principalmente audição, parecem muito mais vivos e presentes.

Eles sempre estiveram ali, mas você, todo pimpão por enxergar tudo à sua frente, nunca deu muita bola para eles. Contudo, privados da visão, a tendência (e única solução), é compensarmos utilizando outros meios. No caso de vocês, apenas a audição, porque para que seu tato chegue a captar o mesmo que o meu... Ah, amigo! Para isso necessitarás de anos de cabeçadas nos postes da vida. Todos os videntes que conheço não tiveram muitas dificuldades para aprender o braille quando empenharam esforço e algum tempo nessa tarefa.

No entanto, todos leem os pontos que formam as letras com o olho, justamente porque seus dedos não foram suficientemente estimulados a ponto de serem capazes de distinguir nuances tão sutis como as combinações diferentes dos pontos em relevo. Isso significa que, ler com o dedo, somente nós, cegos. O braille para vocês é com o olho e olhe lá!

Ou seja, tudo isso pra dizer que não é só ficar cego que de repente o mundo mágico dos outros quatro sentidos se descortina numa miríade de sensações únicas.

É tudo mesmo uma questão de vivência, de você saber dar valor ao que eles querem te dizer ou mostrar, algo que, longe de ser instantâneo, é um processo que vai se aperfeiçoando mais e mais, na medida em que você vai aprendendo a interpretar esses sinais. Nesse sentido (olha eles aí, até na gramática!), se não podemos ver a cara de tristeza de alguém, o simples soar de um "bom dia" já me fornece um quadro de como aquela pessoa está. Se eu não posso ver uma parede enquanto caminho, os meus ouvidos reconhecem a diferença sonora e identificam, mais ou menos como faz um morcego, que há algo grande por ali e que deve ser evitado. Se eu não posso ver uma paisagem, as maquetes táteis ou as miniaturas dão uma ideia em escala de como é a coisa. Ou não dizem que uma imagem vale mais que mil palavras? E isso se aplica também no nosso caso, que vemos com os dedos.

Essa semana mesmo uma amiga arquiteta, que queria minha opinião a respeito da acessibilidade para deficientes visuais em um determinado espaço, me fez uma primorosa descrição do local em questão. O problema é que tem coisas que só vendo mesmo para entender. Assim como teria sido impossível para ela entender a planta sem botar os olhos sobre o desenho, para mim é impossível compreendê-la sem botar meus dedos.

Muito embora a audição seja claramente o nosso principal sentido, não podemos minorar o valor do tato. Afinal de contas, é com o dedo que temos o primeiro contato com as palavras quando aprendemos a ler, com os alimentos quando somos pequenos, com as formas dos objetos, com os animais que de outro modo não conheceríamos...

E como tudo isso é importante! Quando éramos crianças, um amigo meu, muito mais esperto e versado que eu, um dia perguntou a um outro amigo nosso, que na época enxergava um pouquinho: "Mas um boi é grande quanto? Como um ônibus?". É que, tendo perdido a visão muito cedo, ele utilizava as referências do seu cotidiano para tentar determinar qual era o tamanho de algo bastante conhecido, mas por ele nunca tocado. E vamos ser sinceros, não é muito fácil tocar num boi, vai convencer o bichinho a ficar parado para que o cego possa apalpá-lo: Muuuuuuu!

Assim, se utilizamos a audição para nos orientar, é com o tato que enxergamos. Pena que esse sentido sofra tanto preconceito! Quer um exemplo?

É só olhar para as várias e várias maquetes, aprisionadas como pássaros tristes atrás de redomas de vidro ou acrílico em museus ou em parques de miniaturas, totalmente fora de alcance para os nossos ávidos dedos, sedentos de conhecimento e informação; ou basta pensar que você não se importa que te olhem, mas não admitiria que te tocassem, nem que seja para ver como você é.

Quando eu esquiei, um novo elemento veio interpor-se nessa relação: a luva. Costumo dizer que quando um cego bota uma luva, fica igual a uma pessoa que enxerga ao tirar seus óculos.

Porque é com as mãos que a gente sente o ambiente ao nosso redor. Tocar as coisas é ainda parte fundamental do processo de apreender o mundo. Embora luvas não impeçam completamente o toque, elas como que põem o objeto tocado em uma espécie de névoa, uma vez que retiram a nossa sensibilidade para os detalhes, exatamente como uma pessoa que precisa de óculos mas não os está utilizando.

Até por isso, eu tenho uma frescura de que detesto segurar coisas por longo tempo. Não é que eu odeie levar objetos, mas sim segurá-los inutilmente, quando se poderia colocá-los facilmente em uma mesa. Me sinto preso, amarrado, refém daquela coisa; é como se eu estivesse privado de mais um dos meus sentidos. Me sinto igualmente preso quando ando na rua a segurar a bengala numa mão e uma sacola qualquer na outra. O mesmo vale para os guarda-chuvas, um dos objetos que encabeçam a minha lista de desafetos.

Sei lá, é como se as mãos mesmas me faltassem. Não posso nem ser ajudado por ninguém, não tenho como colocar a mão no braço para ser guiado.

Além disso, detesto estar com as mãos sujas. Me sinto como se, com as mãos engorduradas, estivesse a usar óculos com lentes embaçadas. Não sei se é porque eu tenho que ficar tocando nas coisas para ver, não sei se é porque, vira e mexe, eu estou segurando em alguém e então não quero sujar as boas almas que se apresentam em meu caminho, fato é que todo mundo que já conviveu comigo sabe que o guardanapo é um dos meus melhores amigos. Ah, sei lá, vai ver que tudo isso é frescura mesmo.

FAMÍLIA! FAMÍLIA!

Se a família é importante para qualquer criança, imagina só o papel de pais, mães e agregados na formação e no desenvolvimento de uma criança com deficiência? Por conta do meu trabalho, tenho a oportunidade de conversar ou ler os relatos de vários pais, de modo que me foi possível entender um pouco mais suas dificuldades, dilemas, preocupações e desafios.

A versão do 8 ou 80 na relação entre crianças com deficiência visual e suas famílias está na dualidade entre abandonar ou superproteger. Como as causas que levam à cegueira ou à baixa visão estão muito associadas à pobreza, é bastante comum que as famílias de crianças com deficiência enfrentem dificuldades financeiras. Assim, seja porque os pais trabalham o dia inteiro, seja porque não têm instrução, seja porque tenham muitos filhos para cuidar, ou, em alguns casos, por mais de um desses motivos associados, a criança com deficiência vai crescendo à margem, sem a atenção necessária. Um exemplo muito significativo vem do atletismo paralímpico, da multicampeã Terezinha Guilhermina. Quando criança, ela tinha dificuldades de andar dentro de sua própria casa; por conta da baixa visão, ela esbarrava nos móveis e tropeçava constantemente, mas sua família não suspeitava que ela possuía uma deficiência visual. Na escola, onde também tinha grandes dificuldades, ela foi diagnosticada como tendo miopia, mas nem o uso de óculos resolveu o problema. Foi apenas aos 16 anos que um exame determinou que Terezinha tinha apenas 5% da visão.

No ano passado, estive no Espírito Santo para algumas palestras. Quando terminei a maior de todas, encontrei entre as pessoas que queriam tirar fotos comigo uma moça cega. Ela se queixou para mim de que mesmo tendo 21 anos, sua mãe não lhe deixava nem sequer colocar um eletrodoméstico na tomada, por medo de a casa pegar fogo. Conheço outros casos de pessoas cegas de mais de trinta anos que não saem sozinhas porque a família não deixa.

Fica claro que mesmo em extremos opostos, o abandono e a superproteção podem gerar graves consequências no desenvolvimento da pessoa com deficiência, limitando e por vezes impedindo sua autonomia na vida adulta e criando uma dependência que nunca é saudável. De forma que a missão mais difícil de pais de uma criança com deficiência é conseguir o equilíbrio, entendendo que seu filho precisa de um certo cuidado mais especial mas, que como qualquer outra criança, é muito importante que ele descubra por si próprio os obstáculos da vida.

Nesse sentido, e em muitos outros, minha família foi muito especial.

Minha mãe nunca deixou eu me vitimizar pela cegueira. "Não quero que você seja um cego recalcado", ela dizia, e complementava com algo que trago comigo até hoje, "o mundo não tem culpa de você ser cego". E sempre me cobrou boas notas, me tratando não como um filho cego, mas como um filho. Foi com ela que aprendi a não me fazer de coitado, a repudiar discursos de pena e a não esperar que o mundo se adapte a mim.

Correr atrás e entender que precisamos nos inserir em um mundo que em geral não entende as nossas necessidades é uma lição valiosa que carrego comigo até hoje. Agradeço a ela por nunca ter me deixado reclamar da deficiência. E que libertador é quando você não pode botar culpa na cegueira!

Meu pai foi também meu professor, me guiando desde pequeno na busca pelo conhecimento. Quando ao final do primeiro grau eu precisava fazer um concurso para entrar em uma escola regular, ele mergulhou comigo em Matemáticas e, como resultado, fiquei com a terceira posição no concurso, que não tinha vagas reservadas. E já cursando o Colégio Pedro II, ele se deslocava quilômetros e quilômetros duas ou três vezes por semana para me ajudar a entender as matérias visuais... "Eu nunca vou entender como vocês sabem ótica", me falou uma vez um professor de Física. Com o tempo e as boas notas, outros amigos se juntaram nos estudos. E entre mil outras coisas, aprendi com o meu pai o valor da busca pelo conhecimento, o amor pela leitura.

A minha avó, que morou conosco desde que eu era pequeno, foi quem me acompanhou no primeiro ano de jardim de infância. Literalmente. Pequeno e mimado, eu não conseguia ficar longe da minha família quando, com três anos recém-completados, ingressei no Instituto Benjamin Constant. Na hora da refeição, eu guardava um lugar para ela na mesinha onde eu sentava; nas aulas de natação, eu ia a toda a hora verificar se ela estava sentada na borda. Como meus pais eram separados e minha mãe tinha que trabalhar, era a minha avó quem ficava na linha de frente. Ela me levava na escola e levava a minha irmã na escola e me buscava na escola e buscava a minha irmã na escola e fazia o almoço e limpava a casa e fazia o jantar e tudo isso num único dia (e tudo isso todos os dias).

Eu só brincava de Barbie com a minha irmã Ana se ela lesse para mim uma enciclopédia antiga que tínhamos sobre países: cada minuto de brincadeira era uma linha para ela ler. Só que ela tinha 6, 7 anos, mal aprendera a ler. E brincávamos e brigávamos, mas sempre com muito companheirismo, até hoje. Mesmo quando ela me dá a resposta errada e eu falho na pergunta de 50 mil reais do Quem quer ser um Milionário...

O meu tio foi meu companheiro de quarto por muitos anos; foi com ele que herdei a paixão pelo futebol. Era ele quem me pregava peças na infância (e isso merece uma crônica própria). Ele só não conseguiu me ensinar a ser Flamengo. Ele diz que foi porque ele não quis, que bastava um único empurrãozinho, mas eu sei que certas coisas não escolhemos, somos escolhidos.

Minha madrinha também sempre me apoiou, desde as horas de brincadeiras por telefone na infância até na campanha que deu origem a este livro, bem como em várias outras fases da vida.

E não dizem que os amigos são a família que a gente escolhe? Pois bem, acho que a melhor coisa de ser cego é que a gente só atrai pessoas boas.

Quem tem preconceito nem sequer se aproxima. E ao longo dessa vida, quantas pessoas maravilhosas cruzaram o meu caminho! Citar nomes é injusto, mas, ao longo da minha trajetória, contei com anjos que me fizeram mais fáceis os caminhos que a vida me obrigava a trilhar.

Eu acredito muito no poder da comunicação. A comunicação rompe barreiras, quebra preconceitos, desfaz mal entendidos... E a comunicação requer pessoas. Por isso valorizo tanto pessoas no geral e as pessoas que passaram e que ainda estão na minha vida.

AS DEFINIÇÕES DE CEGO FORAM ATUALIZADAS

Fiz o meu segundo grau em uma escola regular, em que os estudantes não têm deficiência. A direção do colégio distribuiu entre os alunos uma espécie de manual com 50 regras de como deveriam tratar as pessoas com deficiência visual, no caso o amigo Filippe (saudades, cara!) e eu. A intenção deles era a melhor possível, não se pode discutir isso, mas, na minha opinião, ainda que neste "manual" existissem dicas bem úteis como "nunca deixe a porta aberta pela metade" ou "avise sempre que sair de perto da pessoa cega" (eu odeio ficar falando sozinho), de maneira geral, coisas assim não ajudam tanto. Ainda mais quando o público-alvo é um bando de adolescentes.

Manual é para eletrodomésticos e não para pessoas. Se você, para supostamente "lidar da melhor maneira possível" com uma pessoa, precisa decorar primeiro 50 regras, certamente você preferirá não se aproximar. Afinal de contas, é muito mais fácil fazer amizade com o amiguinho da carteira ao lado que não tem regra nenhuma. Ou seja, por mais que a intenção seja boa, manuais separam as pessoas de nós, porque, inconscientemente, transmitem a ideia de que nós cegos somos tão, mas tão diferentes e complicados, que só podemos ser entendidos com um manual de etiqueta. Basta dizer que fiz vários amigos na escola e nenhum deles decorou regra nenhuma, todo mundo agiu pelo bom senso mesmo. Até porque ficar decorando regras tira a naturalidade de um contato interpessoal.

Por isso, se você vai, por exemplo, receber um cego em sua casa não adianta muito correr para a Internet, buscar "como lidar com cegos" no Google e começar a anotar regras e decorar os famosos does & donts. Não vou dizer que é completamente inútil, pois os mais desavisados podem aprender conselhos úteis como "ponha a mão do cego no espaldar da cadeira para que ele possa se sentar", mas, mais do que isso, é bobagem. O anfitrião deve se colocar no lugar da pessoa com deficiência visual. E, certamente, ao fazer isso, ele perceberá que, se estivesse em nosso lugar, gostaria de ser recebido da maneira mais natural possível. Ninguém gosta de ser tratado de forma diferente, mesmo que esse diferente não queira dizer pior.

É preciso compreender, acima de tudo, que o deficiente visual, na imensa maioria das vezes, apenas não vê. Isso parece pouco significativo de tão aparentemente óbvio, mas muita gente tende a associar os problemas visuais com surdez, retardamento mental, incapacidade de comunicar-se, demência, etc. Isso na maioria absoluta dos casos não é verdade.

Deixando qualquer "pré-conceito" de lado, é preciso entender que as pessoas cegas seguem o mesmo padrão das pessoas não cegas, isto é, algumas são expansivas, outras são tímidas; umas são legais, outras são chatas; algumas têm assunto e conversam sobre tudo, outras só falam de Big Brother; algumas são Botafogo, outras têm algum tipo de deficiência.

Ou seja, as definições aplicadas à pessoa cega são exatamente as mesmas que servem também para os videntes. A única característica que é realmente comum a todos os cegos é que nós não enxergamos. No mais, são como você e eu: têm fome, gostam de namorar, às vezes estão com sono, acordaram de mau humor ou só estão na vida a passeio...

Se você tiver dúvidas, não se assuste, isso é muito natural. E a melhor coisa a fazer é ir até a própria pessoa (e não a quem a acompanha) e perguntar diretamente.

Aliás, uma das queixas mais comuns dos cegos é que as pessoas se dirigem sempre ao seu acompanhante que enxerga, gerando questionamentos constrangedores como: "qual é o nome dele?" ou "o que que ele quer comer?". Por favor, entendam, somos apenas cegos! Ouvimos muito bem e em geral falamos pelos cotovelos. Então, dirijam-se sem medo à pessoa com deficiência visual. Além de ser mais simpático, abre um canal de comunicação que é essencial para receber bem qualquer hóspede na sua casa, seja ele cego ou não.

Mas se você é adepto das leis escritas, dos manuais de boa conduta e tem medo de se aproximar por receio de cometer alguma gafe, ou se é daqueles que busca um documento de referência (não que eu seja, risos)... Enfim, se você quer, precisa, necessita, anseia, se baliza por uma regra, aqui vai um único mandamento: pergunte. Não nos ofendemos com perguntas e ao contrário do que você pode pensar, nós já ouvimos de tudo em nossas vidas, você dificilmente vai abordar uma questão que já não tenha sido tema de uma conversa entre nós e algum curioso. No meu caso, que vivo dando palestras para públicos tão diversos quanto executivos de grandes empresas a crianças em início da vida escolar, já ouvi de tudo e mais um pouco. O que você falar não vai me surpreender, ofender e nem chocar. E lembre-se: as pessoas com deficiência visual tem uma audição mais desenvolvida e mais apurada. Ou seja, evite aqueles cochichos sobre nós com o companheiro do lado. Primeiro porque nos incomoda perceber que alguém está falando da gente (é como aquela pessoa que não para de te olhar e você não sabe porquê); e, além disso, é muito provável que nós vamos entender o que você cochichou. Aqueles "tadinho", "ele é cego", "viu como ele é inteligente!" ou "pergunta o que ele quer comer" não vão passar despercebidos. E aí é você quem vai ficar sem graça.

À ESQUERDA, O ABISMO

E fomos para o Sana, distrito de Macaé, famoso por suas cachoeiras e também por seus chás de cogumelo e outros alucinógenos que, aliás, não consumimos. Nem mesmo a polícia acreditou que éramos caretas: me lembro de uma noite em que estávamos sentados sobre uma ponte e uma patrulha parou ao nosso lado, "joguem essa coisa fora", eles gritaram, ao que respondemos que não tínhamos nada. Inacreditável! Eles disseram que provavelmente éramos os únicos turistas "limpos" do lugar.

Mas a primeira aventura foi chegar ao Sana. Para não termos de pagar a passagem para Casimiro de Abreu, 50 reais que, multiplicados por nós sete, economizava uma pequena fortuna para os padrões de há onze anos, decidimos percorrer todo o caminho em ônibus de roleta, em que cegos e seus acompanhantes não pagam. Lógico que não existem ônibus assim fazendo a rota direta a partir da cidade do Rio, de maneira que a única alternativa era ir baldeando, de coletivo em coletivo. Foi na Praça XV, embarcando num ônibus para a localidade de Venda das Pedras, que a penca de cegos e suas malas iniciaram às dez e meia daquela manhã de janeiro de 2003 o nosso périplo em direção ao Sana.

No grupo de sete, apenas dois enxergavam normalmente, o Rafael e o Gabriel, então estudantes de Educação Física e apaixonados pelo esporte para cegos; os outros dois, o Felipe e o Arestino, tinham um pouco de visão de que se orgulhar, enquanto que Filippe, o Anderson e eu, éramos os totalmente cegos da turma.

De Venda das Pedras, outro ônibus de graça, dessa vez para Rio Bonito, cidade em que, depois de estarmos a mofar e a esturricar no terminal rodoviário por longos minutos, pegamos um ônibus para Casemiro de Abreu. A empresa não queria nos deixar embarcar grátis, mas fizemos ver ao funcionário que se fosse para pagar, teríamos vindo desde o Rio num ônibus só. Tanto sacrifício assim tinha que ser de graça. O trajeto total consumiu mais de sete horas, contando o tempo do pneu furado do nosso quarto e último ônibus, o que nos deixou finalmente no Sana quando a noite já caía.

Tanto esforço para descobrir, ao entrarmos no camping, que havíamos esquecido toda a armação de ferro de uma das barracas, justamente a maior delas e que nos serviria de despensa.

Com engenhosidade, amarramos o que tínhamos nas árvores próximas e erguemos o acampamento mais mambembe de que tínhamos notícia. No dia seguinte, no entanto, comprovando que quando a cabeça não pensa é o corpo quem padece, a nossa barraca foi inundada num dos temporais de fim de tarde, alagando tudo e nos privando de nossos tão essenciais miojos.

Nos dias que se seguiram, o que mais fizemos foi percorrer trilhas, todas no meio do mato, algumas oferecendo certo grau de dificuldade. E como em terra de cego quem tem olho é escravo, cada um dos três que mais enxergavam se encarregava de um dos cegos totais, de modo que podíamos seguir num ritmo razoável sem nos expormos a grandes riscos. Eu estava sendo guiado pelo meu amigo Felipe, que, sendo albino, tem extrema sensibilidade ao sol; assim, sempre que viajávamos, ele levava o seu inconfundível guarda-chuva, que lhe servia de proteção contra o sol mesmo dentro do mar ou nas cachoeiras.

Naquele dia, caminhávamos por uma parte estreita da trilha, o que não nos permitia andar lado a lado. Assim, era preciso que eu caminhasse atrás dele, com muito cuidado, porque havia um precipício à nossa esquerda. Eu tenho uma certa dificuldade em andar atrás das pessoas, porque, não conseguindo prever a passada de quem me precede, muitas vezes acabo pisando os calcanhares alheios. Para evitar esse tipo de incidente, em geral encurto a passada e começo a andar meio torto.

O Gabriel, que vinha logo atrás de nós na trilha, contou mais tarde que "depois de virar uma curva, encontrei o Felipe olhando para baixo como se tivesse perdido um chinelo. Aí, dando falta do Marquinhos, perguntei onde ele estava, mas o Felipe em vez de responder, apenas apontou para baixo".

Eu não sei direito como aconteceu. O mais provável é que numa parte do caminho, eu tenha aberto demais a passada para a esquerda e minha perna, não encontrando apoio, deslizou, puxando consigo o restante do meu corpo para baixo. Não pensei em nada, não me lembro de ter vivido a sensação do estar caindo, tampouco houve tempo para qualquer reação.

Quando dei por mim, estava pendurado pela coxa direita, em algo que descobri pouco depois se tratar de um galho de árvore, que estrategicamente havia crescido na parede do abismo e que era o fio que me ligava à vida. Abaixo de mim, só o vazio. Não sei dizer quantos metros eram, muito menos o que havia lá embaixo, só sei que pareciam ser muitos.

Aliás, acho que foi uma baita bênção não enxergar nessas horas e não ter que apreciar de camarote o que me esperava lá embaixo caso o galho rompesse.

Nem bem tinha me dado conta do que havia acontecido quando o Felipe recomendou: "Fica parado aí, Marquinhos". Sua voz veio bem de cima da minha cabeça, o que mostrou que eu estava alguns palmos abaixo do nível da trilha. Pelo seu tom de voz preocupado, logo o Felipe que é sempre tão brincalhão mesmo nas situações mais sérias, foi que me dei conta de que era algo mais que um simples tombo. Foi aí que entendi que havia me metido em uma situação da qual era impossível sair sem ajuda.

Sorte que o socorro, em forma do Gabriel e de seu companheiro de faculdade e nosso amigo Rafael, estava apenas alguns metros à frente na trilha.

Na verdade, se estou hoje aqui escrevendo estas linhas devo ao trabalho de equipe de ambos, bem como à providencial corda que o Rafael levava consigo para o caso de alguma emergência que, como todos os jovens, tínhamos a certeza de que não ia acontecer.

Mas aconteceu. E ainda bem que estávamos preparados. Como numa expedição de resgate, meus dois amigos iniciaram preparativos para proceder ao meu içamento. Faltava, no entanto, combinar com o galho que me sustinha. Enquanto eles prendiam a corda numa árvore próxima, ele começou a estalar, dando a entender que seu fim (e por conseguinte o meu) estava próximo. Eu, que já estava preso em uma posição bastante incômoda (pois minha perna direita, a que se encontrava sobre o meu galho de salvação, jazia dobrada acima da cintura, enquanto que a esquerda seguia esticada para baixo), fui obrigado a alertá-los:

"Eu estou bem, mas o galho não", foi o que consegui dizer, quando o Rafael me perguntou qualquer coisa do tipo.

Ou seja, a corrida agora era também contra o tempo. Assim, sem que a corda estivesse presa, o Rafael esticou a perna para que eu segurasse e pudesse subir; no entanto, como as boas intenções nem sempre são premiadas com êxito, este expediente não resultou.

E o galho estalou de novo. Sorte que meus amigos foram mais rápidos, de modo que, segurando na corda, fui erguido sob vivas dos que estavam ali em cima. Os totalmente cegos demoraram bastante para entender que o que havia caído barranco abaixo era muito mais que um chinelo.

Me pus de pé e fui abraçado pelos companheiros. O Arestino, assim que eu cheguei lá em cima, me perguntou "Se machucou, Marquinhos?" Mas, antes que eu pudesse responder, o Felipe disse: "Se machucar não é o problema, o pior é o susto...".

E ele tinha razão. A consequência maior foi mesmo o susto. Meus dois ou três arranhões, que nem sequer sangraram, eram nada perto do tremer de pernas que me acompanhou ainda durante muito tempo.

OS ÁLBUNS FOTOGRÁFICOS DOS CEGOS

Cego tem foto? Tem. Ao menos eu tenho. E nem estou me referindo aos porta-retratos que habitavam meu quarto, por ideia da minha mãe, para quem eu sempre digo, "porta-retrato em quarto de cego é como CD em quarto de surdo, só serve para ocupar espaço e acumular poeira".

É por isso que as minhas fotos são um pouco mais acessíveis, diferentes, táteis. Embora sim, também acumulem poeira.

O fascínio por miniaturas de monumentos turísticos começou na minha viagem à Europa, quando eu esquiei. Desde pequeno, era vidrado pelo mundo, por diferentes povos e países, tanto que, para além de presumir saber todas as capitais das nações aos 8 anos, minhas diversões eram gravar em fita cassete documentários geográficos na TV e pedir para meus pais lerem para mim enciclopédias sobre viagens, povos e países distantes.

Assim, vocês podem imaginar meu delírio quando comecei a ter oportunidades de viajar para fora do país. Só que, passada a primeira euforia, fui logo apresentado à dura realidade. Por mais que eu tentasse disfarçar, logo ficou claro que o turismo é uma atividade basicamente visual.

É que, quando você não enxerga, passear pelas igrejas ou por castelos parece muito igual, porque o que os diferenciam são os detalhes arquitetônicos, as formas das torres, a disposição das colunas, todos detalhes que são essencialmente visuais e que nem a melhor descrição torna completamente acessível aos cegos.

Ou pelo menos eram. As miniaturas que coleciono não foram concebidas para o deficiente visual (são encontradas em muitas lojas de suvenir), mas caíram como uma luva para quem, assim como eu, quer guardar recordações palpáveis das viagens. São o que eu chamo de fotos, bem mais caras que as que os videntes costumam tirar, mas creio que para nós são ainda mais fascinantes e especiais porque nos possibilitam tocar o mundo por nós mesmos. Afinal, se com a audição nós nos orientamos, é com o tato que enxergamos.

Castelos, palácios, igrejas, anfiteatros, catedrais, mesquitas, faróis, edifícios, monumentos históricos, estátuas, praças, pontes, torres, teatros, casas típicas, paisagens, estádios de futebol, meios de transporte locais e até mesmo um mapa... Cada vez que eu toco uma das minhas miniaturas, eu sou imediatamente transportado para aquele lugar, mesmo que eu nunca tenha estado nele antes. Foi mais ou menos isso o que aconteceu quando eu toquei pela primeira vez a Torre Eiffel, presente de um amigo. E eu, que imaginava que torres eram todas torres (pensando naquela do jogo de xadrez), me surpreendi ao poder ver a sua forma, apoiada nas quatro patas. E foi então que eu entendi porque ela é um grande símbolo para os franceses.

Tudo começou em Bruxelas. Estando com o amigo Gabriel, diante de um espetáculo de luz no histórico prédio da prefeitura da cidade, ele se esforçava por me descrever o que acontecia, até que teve a ideia de me mostrar, numa lojinha de souvenir ali perto, a miniatura do prédio. E assim ele me explicou como o jogo de luz era feito. No entanto, a primeira miniatura adquirida, quando as ideias de uma coleção eram ainda pálidas e obscuras, veio mais ou menos um mês depois, em Budapeste. Por sugestão da mulher do albergue, fui com a Thaís ao mercado da cidade, onde adquiri o Bastião dos Pescadores, uma miniatura que nem dá ideia exata de como é o lugar de verdade, mas que acabou ficando na minha história como o ponto de partida.

Essa foi a primeira de mais de 600 fotos. É que os amigos, familiares e conhecidos começaram a participar da brincadeira, de modo que o que a princípio era um pequeno apanhado dos lugares por mim visitados, terminou transformando minha casa em um apertado museu com 607 pedacinhos de 278 cidades de 80 países de cinco continentes, até agora.

Muitos desses lugares eu nem sequer conheço, assim como algumas das pessoas que me presentearam com as miniaturas. Por exemplo, na primeira vez em que falei da minha coleção em um programa de televisão, recebi um e-mail de um colecionador do Mato Grosso do Sul com quem troquei algumas peças.

Todavia, um terço das fotos fui eu mesmo quem tirei... Ops, comprei. A história é sempre a mesma.

Só chegar numa cidade nova e, mesmo antes de visitar os pontos turísticos, lá estou eu na lojinha de souvenirs mais próxima buscando por miniaturas. A recompensa é poder visitar um lugar tendo em mãos a sua réplica em escala e então entender exatamente onde se está. Às vezes faltam ofertas e nesse caso é necessário caminhar e perguntar muito, mas em outras vezes (o que é tão angustiante quanto) as opções são inúmeras.

Foi o que aconteceu em Istambul, onde, no Gran Bazar, em meio a tudo o que se possa imaginar, havia o que eu chamo de fartura de miniaturas. Foi preciso negociar muito para levar todas as que encontrei a um preço acessível. E foi assim que tive minha primeira mesquita e depois a segunda, a terceira.... A ponto de elas quase parecerem todas iguais.

Ali os vendedores não fixam o preço; a gente chega a um acordo, em que às vezes se tem a sensação de ganhar, outras de perder. No final, levava uma mala com 14 novas fotos, sem saber como transportaria tantas torres pontudas para o Brasil sem despedaçá-las no caminho. E ainda tive a impressão de que deixei algumas oportunidades de compra para trás.

Outras, contudo, foram quase que literalmente paridas. Na cidade de Sinaia (uma espécie de Petrópolis na Romênia), quando finalmente achamos a miniatura do castelo Peles, a grande atração turística do lugar, surpresa... Ela vinha dentro de um globo de vidro.

Eu disse à vendedora que só compraria se ela pudesse resgatar o pequeno castelo de seu invólucro de inacessibilidade. Por sorte, a senhora, que havia uma vez quebrado acidentalmente aquele suporte e portanto sabia que era possível salvar apenas a miniatura, acedeu ao pedido. Mas daí a tornar as palavras em ação, foram dez minutos de marteladas convictas e precisas, porque só interessava quebrar o vidro e não o monumento em si.

Foi quase como um parto. E a placenta do pequeno castelo, a cola que a prendia ao suporte, por mais esforços que eu tenha feito para removê-la, está aí até hoje, cheirando mal que só ela, aparecendo como prova inequívoca da verdade do que conto.

Claro que esse vício por miniaturas também me traria desvantagens. Muito além do malabarismo na hora de encontrar espaço na mala e no móvel que, embora projetado para este fim já começa a dar sinais de superlotação, na última viagem, o zíper das minhas duas malas foi arrombado, tanto da que tinha cadeado quanto da outra que não tinha.

E, pela ausência de objetos furtados e pela perfeita ordem com que chegaram em casa (exceção feita, lógico, aos dois zíperes), eu só concebo que tenha sido as autoridades brasileiras atrás de explosivos. Claro que o arrombamento de malas alheias não se justifica (e não me venham com história de que é procedimento), mas não deve ser comum ver no raio X mais de 60 pequenos monumentos, de todas as formas, tamanhos e materiais. Acho que muitos de nós desconfiaríamos da carga.

Ninguém se torna colecionador do dia para a noite. Na verdade, nos primeiros anos, eu só tinha as miniaturas que eu conseguia comprar nos lugares onde eu ia e aquelas presenteadas por amigos que viajavam e me traziam as fotos táteis em forma de lembrança. Como as pessoas viajam mais ou menos para os mesmos lugares, ao fim de 5 anos eu tinha uns 4 La Bombonera, 5 Torres de Pisa, 4 Torres Eiffel... Em resumo, tinha mais de duzentas peças, mas de apenas uns vinte países, porque muitas delas eram repetidas. Foi então que encontrei no Mercado Livre um cara de São Paulo que vendia peças que eu não tinha. Enviei um e-mail e logo me tornei seu cliente. Nos enviamos vários e-mails e logo nos tornamos amigos, a ponto de ele, em suas longas viagens, encontrar espaço na mochila para me trazer inúmeras peças me cobrando por elas apenas o preço de custo. Foi através dele que a minha coleção cresceu; basta dizer que mais da metade dos 80 países que hoje constam no meu acervo vieram por ele, não apenas das suas inúmeras e exóticas viagens, mas por meio de seus diversos fornecedores ao redor do mundo. De amigos, passamos a sócios, quando ele me incentivou a vender minhas peças repetidas, de modo que eu pudesse pagar por novas peças, porque esse negócio de miniaturas é uma diversão bem cara. Nos vimos apenas três vezes na vida, a última delas em março do ano passado, quando por ocasião de minha estada em São Paulo, decidi do nada passar um final de semana em sua casa. Eu não podia imaginar que, meses depois, no dia em que completava 47 anos, o Ricardo nos deixava.

É a ele que dedico esse texto, bem como a minha coleção.

O que fazer com tantas miniaturas? Sonho um dia em poder disponibilizar esse material para que outras pessoas com deficiência visual possam ter acesso à coleção, já que, quando a gente acha por aí parques de miniaturas, dentro ou fora do Brasil, eles sempre partem da premissa de que é proibido tocar, como se olhar só valesse se for com o olho. E aqueles, que como eu enxergam com as mãos, só podem mesmo chupar os dedos, diante de vidros e proibições.

FOGO AMIGO

Corria o ano de 2002. Em Belo Horizonte, disputávamos o campeonato Regional Sudeste de Futebol para Cegos. Eram cinco equipes se trombando pelas duas vagas para o Campeonato Brasileiro daquele ano. O torneio era de tiro curto. E nós, entre bons e maus resultados, chegamos ao jogo contra a equipe de Campinas, na última rodada, precisando apenas de uma vitória simples para classificarmo-nos ao estágio nacional.

Nosso time era bom, a mesma base que dois anos antes conquistara a Copa Brasil, em Cuiabá. No gol (lembrando que no futebol de cegos os goleiros não possuem qualquer tipo de deficiência), o Rafael, que nunca havia sido goleiro e que exercia esse papel para nos ajudar, pois sempre fôramos carentes nessa posição. Com muito boa vontade, mas pouca técnica, o Rafael segurava alguns rojões e sempre foi muito importante para o grupo com o seu bom coração e espírito de equipe. Como a compensar nossa deficiência sob as traves, tínhamos uma defesa de respeito, formada pelo Anderson, atual presidente da Urece, e pelo Sandro, ambos então integrantes da seleção e que viriam a ser campeões Paralímpicos dois anos depois, em Atenas. Na frente, Michael e eu. O Michael sempre teve muita habilidade, um jogador rápido, mas que por vezes engasgava nos momentos decisivos, recebendo o carinhoso apelido de enceradeira. Mas ele fazia bastante gols, mais do que eu, embora isso não seja lá uma grande vantagem.

Quanto a mim, nunca fui um jogador brilhante, em boa medida por conta de meu joanete gigante, herdado do meu pai, e que sempre insistia em latejar, impedindo-me de chutar forte. Arrebentava nos treinos, mas embora tivesse lá meus bons jogos, nunca fui um jogador decisivo nos campeonatos, embora tenha sempre sido titular. Assim eu sempre fui um daqueles jogadores reconhecidos por ter uma aplicação tática, visão de jogo (por mais paradoxal que isso possa parecer) e até uma certa habilidade, mas que, na maratona de jogos durante as competições, ia sucumbindo a problemas físicos que começavam pelo pé, mas por vezes se estendiam mais para cima. Tinha um bom passe e um poder de marcação de que nunca me orgulhei. Mas, principalmente neste último quesito, meu treinador de então, o Ramon, não concordava.

Era ele quem estava à frente da equipe desde que, dez anos antes, ele, recém-chegado ao Instituto Benjamin Constant, nos chamou para começar os treinos. Um dos precursores do futebol de cegos no Brasil e até hoje sumidade no assunto, o Ramon é o responsável por eu ter me desenvolvido enquanto jogador. E, mais do que futebol, aprendíamos valores, como trabalho em equipe, honestidade, lealdade... Bons tempos!

Pois é, o Ramon devia saber das coisas, tanto que treinou a seleção brasileira por vários anos. E ele confiava muito em mim e no meu trabalho. O que não quer dizer que as consequências eram boas para mim.

Eu era atacante, me via como atacante, mas, em alguns jogos, ele cismava que eu tinha que ser a sombra do jogador mais perigoso do time adversário. Atacantes não gostam de marcar e entre os cegos não é diferente, mesmo com os jogadores medíocres como eu. Mas ordem é ordem.

E foi assim que naquela partida contra a equipe de Campinas me coube marcar de perto pertíssimo o jogador chamado, se eu não me engano, Cavalo, ou algum outro bicho amedrontador.

Antes da peleja começar, o Ramon reconstituiu, em exercícios específicos, os principais dribles do meu adversário equino, de modo que eu pudesse ter uma ideia do que eu teria pela frente.

Quando a bola rolou, lá fui eu que nem barata tonta atrás do atacante adversário. Graças às precisas orientações do treinador e do nosso goleiro Rafael, ia levando a melhor na maior parte das vezes. Mas, quando se trata de duelos entre bons jogadores contra marcadores meia boca, basta um lance. Foi o que aconteceu quando ele me driblou, bateu de longe, a bola passou por baixo das pernas do Anderson (o que encobriu a visão do goleiro) e entrou. 1x0 eles, placar do primeiro tempo.

Na segunda etapa, tínhamos 25 minutos para fazer os dois gols de que precisávamos. E assim fomos para o ataque! Logo no começo, recebi uma bola na área e toquei por cima do goleiro. No entanto, a bola bateu na cabeça do arqueiro adversário, subiu e, lentamente, descaiu por cima do travessão. E como a confirmar nossas suspeitas de que aquela não era a nossa noite, num contra-ataque eles ampliaram o marcador.

Logo na saída, depois de ferrenha discussão com o Michael, o Sandro acertou uma daquelas suas bombas cruzadas, no ângulo, estufando as redes adversárias e nos devolvendo as esperanças.

Embora durante meus 16 anos de futebol eu tenha sido sempre atacante, nunca fui de fazer muitos gols, de modo que me lembro de cada um deles. E o daquela noite, em Belo horizonte, foi especial. Mais ou menos dois minutos depois do gol do Sandro, o Michael fez uma jogada na esquerda e me tocou uma bola dentro da área. Eu só escorei pro gol.

Que felicidade quando o Gabriel, que era o nosso chamador naquele jogo, vibrou; eu saí pulando, pois sabia que havíamos feito a coisa mais difícil: empatado a partida. Logo em seguida, o Ramón pediu tempo e o Rafael disse que faltavam dez minutos para o jogo terminar. Um gol em dez minutos, principalmente para quem tinha marcado duas vezes nos últimos três, não parecia nada impossível. Aliás, estávamos empolgados e com o emocionante do jogo, a torcida se pôs do nosso lado.

Era apenas um gol para a classificação ao Campeonato Brasileiro. Mas faltava combinar com o goleiro adversário e com os nossos erros de finalização, que faziam com que os minutos passassem sem que marcássemos. Foi por aí que o Ramon mudou o esquema, "todos atacam e todos defendem", foi o que ele gritou.

Era tudo ou nada. E assim que abafávamos a saída de bola adversária, recuperávamos a pelota no meio de quadra e, na sequência, buscávamos o gol, mas errávamos o chute, parávamos na defesa ou no goleiro adversário.

Tínhamos uma atuação impecável, nos superávamos de maneira que, mesmo nesse esquema suicida, eles não atacaram nenhuma vez. Simplesmente não deixávamos que eles ficassem com a bola.

Até que... Num dos nossos ataques, houve uma dividida e a bola saiu. Eu entendi que o juiz marcara escanteio e corri naquela direção. O Anderson, meu companheiro de time e amigo de infância, entendeu que era tiro de meta para o time adversário e arrancou na direção contrária para recompor a defesa. Eu, sinceramente, não lembro quem estava certo, já que o choque entre nossas testas, numa colisão frontal e a toda a velocidade, é o que ficou gravado na minha cabeça. Gravado literalmente.

Na hora, senti que havia me machucado, mas obviamente que, no afã de empatarmos, deixei o jogo correr, até porque a tontura da pancada logo passou e eu me senti em condições de continuar em quadra.

Assim que segui correndo, atacando e defendendo, até que, porque minha língua sentiu um gosto ferroso, me dei conta de que eu estava sangrando. Nunca lidei bem com sangue. E acho que havia me machucado mesmo! Não foi realmente agradável perceber que escorria sangue pelo meu rosto. Fiquei tonto, mas não tinha o que fazer, o jogo estava acabando.

No futebol para cegos, os atletas atuam com uma bandagem oftalmológica recoberta por uma venda, sobre os olhos, tudo para evitar que aqueles que possuam resquícios visuais tenham vantagem sobre os que, como eu, não enxergam absolutamente nada. Naquele momento, no entanto, venda e bandagem serviram para ocultar as consequências da contusão, porque acabavam por encobrir o meu rosto e em consequência o sangue que descia de um ponto pouco acima do meu supercílio.

Numa falta contra nós, pouco depois, o nosso goleiro Rafael enquanto organizava a barreira me olhou de perto, "Tá sangrando pra caramba!", ele disse alarmado, respondendo a uma pergunta minha. Ele queria chamar o juiz, parar o jogo, mas eu não deixei. O estrago na minha testa já estava feito e seria resolvido cedo ou tarde; precisávamos nos concentrar no jogo – ou no que restava do tempo regulamentar – para conseguir o tão ansiado tento. Minha veemência convenceu-o, mas os nossos esforços não resultaram.

Tentamos, tentamos e não pudemos marcar. O tempo se esgotou e quem ficou com a vaga na competição nacional foram os campineiros.

Quando o juiz apitou, caí ao chão. O pessoal do meu time, pelo menos os que enxergavam, correram na minha direção. Tirei a venda e eles ficaram impressionados com o quanto sangrava. No final, levei seis pontos na testa, mais que os que a equipe havia conquistado em quadra naquele torneio e ainda ganhei o apelido temporário de Harry Potter, vai entender... Depois do hospital, ainda fui encontrar os meninos no parque, a ponto de participar da histórica excursão ao trem fantasma, onde a bruxa pediu contas ao Michael por ele supostamente ter fugido da figuração do brinquedo.

Mas a nossa vida é mesmo muito engraçada. A seleção brasileira de futebol para cegos recebeu um convite para disputar uma competição amistosa, justamente na semana em que seria realizado o Campeonato Brasileiro da modalidade. Desse modo, para não desfalcar as equipes na disputa da principal competição de clubes no país, a confederação decidiu convocar uma equipe formada por atletas de clubes que não estavam disputando o certame nacional. E foi assim que eu recebi a minha primeira e única convocação para a seleção brasileira. E, mesmo às vésperas do vestibular, fui parar na Coreia do Sul, para jogar as três únicas partidas internacionais da minha vida. E tudo isso só aconteceu porque não marcamos aquele gol!

Vocês estão se perguntando pelo Anderson? Ele saiu sem nenhum arranhão. Não à toa, entre seus companheiros da seleção brasileira, ele é conhecido como Cabeça. Ah, ele também esteve no time que representou o Brasil em Seul, juntamente comigo, Sandro, Michael e o Ramon. A gente até que formava um bom time, pena que a sorte nem sempre estava ao nosso lado. Ou estava, vai saber.

POR QUE NÃO ENXERGAMOS OBSTÁCULOS

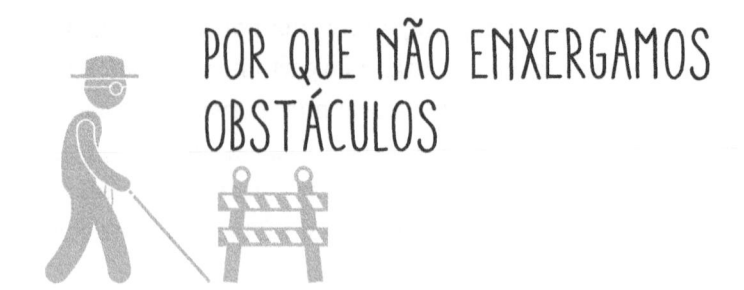

Antes de o *Histórias de cego* ganhar sua própria casa, ele foi por muito tempo hospedado no site da Urece Esporte e Cultura. E muita gente me perguntava a razão.

E eu respondo agora: porque o *Histórias de cego* não seria nada sem a Urece; ou, mais do que isso, o blog nem ao menos existiria. E isso não apenas porque muito do que eu escrevo aqui é fruto da convivência de anos e anos com esses amigos que estão ajudando a tornar real o nosso sonho, mas que a própria ideia de contar casos engraçados da vida de pessoas com deficiência visual não foi exclusivamente minha. Surgiu quando eu e o Anderson, meu amigo de infância e eterno presidente da Urece, conversávamos sobre como ele identifica uma farmácia pelo cheiro. "E se a gente escrevesse isso?", um de nós propôs. E assim nasceu o embrião do que é hoje o *Histórias de cego*.

Mas hoje eu não vim falar do *Histórias de cego*, mas da Urece Esporte e Cultura. Nesse ano de 2020 o nosso sonho completou 15 anos de existência. Me lembro bem daquelas primeiras reuniões, quando aprendíamos o que era CNPJ, estatuto, assembleia....

Falar da Urece e desses 15 anos é um imenso desafio, ainda que falar da Urece em primeira pessoa seja injusto. Mais do que isso, chega até a ser quase mentiroso.

Porque a Urece Esporte e Cultura é sobretudo uma ideia coletiva, a materialização de um anseio que tínhamos de mudar as relações que envolvem o esporte praticado por pessoas com deficiência, por meio da promoção social dos atletas, transformando preconceito em motivação, exclusão em oportunidade e amadorismo em profissionalismo. Pretensiosos, nós? Atire a primeira pedra quem nunca sonhou em mudar o mundo quando jovem!

A coragem está em continuar sonhando mesmo depois que os anos passam! Muito mudou desde aquele 25 de outubro de 2005, mas a minha paixão pela associação, a admiração pelos meus companheiros e o meu orgulho de ter ajudado a construir a Urece Esporte e Cultura permanecem intactos.

Tudo começou um ano antes. Era 2004, e nós decidimos montar uma associação apenas de esportes para cegos e pessoas com deficiência visual, que valorizasse sobretudo os protagonistas do esporte, atletas e treinadores. Nada mais adequado à nossa realidade, porque o grupo de nove fundadores era quase que exclusivamente constituído por atletas cegos e por nossos professores, jovens recém-formados que estavam abrindo mão de outros sonhos para viver o nosso. Que virou o deles. E só o que queríamos era estrutura. Achávamos que, dado ao fascínio exercido pelos esportes que praticávamos, bastava nos organizar que choveriam patrocínios. Que empresa não estaria interessada em apoiar o futebol para cegos? Contudo, não só de sonhos vivíamos. Com os pés fincados na realidade, alguns dos fundadores participaram de um projeto de empreendedorismo, que nos deu a certeza de que sim, podíamos fazer do sonho algo palpável.

E fizemos. Aos trancos e barrancos, passando por dificuldades que não podíamos imaginar e para as quais não estávamos preparados, fomos crescendo. O Fábio foi o primeiro a acreditar e trouxe, junto com sua experiência no atletismo, alguns dos atletas que apostaram no nosso sonho. Assim, montamos nossas equipes esportivas, primeiro nos esportes individuais e depois nas modalidades em grupo. Títulos nacionais no atletismo e no goalball e até um inédito vice-campeonato no Brasileirão de Futebol para Cegos, em 2013, justamente quando eu não estava jogando (coincidências não existem).

Mais do que isso, vários de nossos atletas integraram as seleções brasileiras de jovens e de adultos, mas, sobretudo, proporcionamos a oportunidade de jovens conhecerem e praticarem o esporte. Eu, desengonçado e sem coordenação a ponto de o Fausto ter feito a piada mais infame de que já fui vítima, tive na Urece a oportunidade de participar do projeto Esquiando no Escuro, em que, com a companhia e auxílio do amigo Gabriel, me tornei o primeiro cego brasileiro a esquiar.

Nossas meninas superaram o preconceito duplo (pela deficiência e por praticarem um esporte ainda tido como masculino). Com muita garra. constituíram a primeira equipe de futebol para mulheres cegas do Brasil e do continente. E, como se fosse pouco, ainda conquistaram o título do primeiro campeonato organizado no mundo, derrotando times alemães cujas meninas jogavam futebol há muito mais tempo, com direito a matéria de 2 minutos no Jornal Nacional, em pleno Natal de 2009.

Aos poucos, o nosso conceito sobre esportes foi se tornando mais abrangente. E assim desenvolvemos projetos como formação de professores da rede pública de 15 municípios para atender alunos cegos ou com baixa visão, visitamos mais de 50 escolas levando o futebol de cegos para crianças com e sem deficiência, doamos mais de 25 mini bibliotecas Braille para escolas com alunos cegos, criamos o primeiro serviço de narração audiodescritiva do Brasil, que funcionou na Copa do Mundo de 2014 e nos Jogos Olímpicos e Paralímpicos Rio 2016... Ufa! Tanta coisa!

Porém, do que nós mais nos orgulhamos, é que a associação foi fundada e até hoje é regida pelas pessoas cegas ou com deficiência visual. Não apenas participamos da transformação, como somos parte dela. Nada para nós sem nós.

O que mais desejo é que outras pessoas possam ter suas vidas transformadas pelo esporte, como eu tive. Além dos benefícios corporais e da forma física, a prática esportiva fornece algo que não tem preço para as pessoas com deficiência: a autonomia, o poder andar nas ruas sem receio. Se eu corro em quadra com mais sete atletas cegos, por que teria medo das ruas? E, quando os obstáculos surgirem, como surgem sempre, já estamos preparados para resistir a eles. Quando tropeço num degrau, cato cavaco mas continuo de pé, quando bato em um "capa-cego" da vida continuo andando para sentir dor em paz, quando escorrego numa escada, consigo me equilibrar... Quando tomo bronca das pessoas na rua porque ando rápido demais, é porque sei do meu potencial! E tudo isso eu devo aos meus 16 anos de futebol, dos quais levo conhecimento corporal e reflexos que utilizo a cada dia. Isso no meu caso, ou seja, de um atleta medíocre; fico imaginando a força que a prática esportiva tem naqueles que disputam títulos e medalhas.

O esporte é inigualável na promoção da pessoa com deficiência como ser vivente e atuante. Antes da difusão do paradesporto, que passou inclusive a receber atenção da mídia, só víamos as pessoas com deficiência quando elas pediam esmolas nas ruas, caíam num buraco ou não eram atendidas da forma conveniente em um hospital público.

O esporte tem a propriedade mágica de apresentar os atletas com eficiência de modo positivo para a sociedade. Se muita gente se considera perna de pau no futebol, como fica diante de seres que, mesmo sem ver, correm, driblam e fazem gols? Uma das minhas maiores motivações no projeto Esquiando no Escuro foi mostrar para as pessoas que nós, pessoas com deficiência, podemos fazer tudo. A diferença está só na acessibilidade. Por que eu corro em quadra sem medo e pensando apenas no jogo? Porque sei que estou em um espaço bastante acessível, preparado segundo minhas necessidades. Quem já viu futebol para cegos sabe que o choque corporal é inevitável, assim como o é no futebol dito convencional, mas, se seguirmos as regras, as chances de que aconteçam acidentes mais sérios são pequenas.

Anderson, Gabriel, Fausto, Rafael, Fábio, Roberto, Jeysan, Sapatilha, Vanessa... E tantos outros nomes formaram a história da Urece, uma história vencedora.

Éramos meninos que não chegaríamos a nenhum lugar com essa história de associação própria. Agora somos homens e profissionais que podemos olhar para trás e enxergar todos os obstáculos, mas aqueles que já superamos.

Minha história se confunde com a história da Urece, ainda em que vários momentos eu tenha me afastado por motivos profissionais.

Trabalhei no dia-a-dia da associação, exercendo a função de vice-presidente, assessor de imprensa e mais recentemente na captação de recursos, escrevendo projetos e prospectando clientes para nossos trabalhos de acessibilidade.

Bem, se a Urece pode dever algo a mim, o que sinceramente duvido, eu devo muito a Urece e aos meus companheiros de sonho. E não só em coisas tangíveis como ter me tornado o primeiro cego brasileiro a esquiar, mas por todo o aprendizado com administração, relação interpessoal, marketing, acessibilidade, direitos, venda de produtos e tantas outras coisas, que o texto se torna pequeno para relatar e a vida ainda menor para desfrutar e agradecer. Obrigado, Urece, por ter me ensinado tanto a um preço tão baixo! Afinal de contas, é clichê, mas sonhar continua não custando nada! Parabéns, Urece, por esses quinze anos de vida!

EM BUSCA DO CONDE CEGO DE LUXEMBURGO

Quando eu e o meu amigo Gabriel decidimos passar o último dia de 2007 em Luxemburgo, comecei a procurar na Internet dados sobre esse pequeno país. Em uma de minhas leituras, encontrei referências a um conde luxemburguês e rei da Boêmia que viveu entre 1310 e 1346, cujo nome era João, o Cego. Seu corpo está enterrado na catedral luxemburguesa de Notre-Dame. Compartilhei a curiosa novidade com o Gabriel e esquecemos o assunto.

A própria escolha de Luxemburgo em detrimento de Amsterdã (a nossa outra opção para aquele 31 de dezembro), por si só, já diz muito sobre mim. Fascinado por geografia desde a mais tenra idade, sempre me interessei pelos países menos conhecidos. Luxemburgo, acima de tudo, era um dos países sobre os quais eu tinha um documentário gravado em fita cassete, dos idos de 1993. Naqueles dias, vinha correndo da escola, porque sabia que o meu programa de documentários, chamado 360 Graus e exibido na TV

Educativa, começava às 11h30. Fechava-me no quarto, botava o gravador junto ao autofalante da televisão e embarcava assim para minha viagem de meia hora ao mundo. E ai de quem entrasse no quarto! O silêncio era total, absoluto e imprescindível.

Foi através daqueles "Instantâneos Mundiais" (como se autodescrevia o programa) que eu conheci Malta, país que até hoje me desperta um fascínio inexplicável, mas também Luxemburgo.

"Logo após a decolagem, o avião atravessa a fronteira, porque Luxemburgo só tem 82 quilômetros de comprimento e 57 de largura", assim começava aquela gravação que tanto me fascinava e que felizmente eu conservo até hoje, já transformada em mp3. A descrição de um país tão pequeno era demais para uma criança de seus 10 anos, que barganhava com a irmã a leitura de trechos de uma velha enciclopédia (do ano de 1967), sobre povos e países.

Voltando a 2007 e estando nós na cidade universitária de Leuven, na Bélgica, tanto podíamos optar por Luxemburgo quanto por Amsterdã. O Gabriel, que já estava há alguns meses vivendo na Bélgica por conta de seu mestrado, deixou a escolha por minha conta: a distância, o tempo e o dinheiro gastos em uma day-trip seriam os mesmos. Mas, sabe, para conhecer a capital holandesa não me faltariam oportunidades. Bem, ainda não fui a Amsterdã, mas não me arrependo nada nada de naquele dia ter optado por Luxemburgo.

Chegamos à capital luxemburguesa às doze horas e trinta e cinco minutos. O primeiro sinal de uma nova pátria veio mesmo do telefone celular e das mensagens da Vodafone informando que estávamos em Luxemburgo e que pagaríamos tais e tais preços pelos serviços. O segundo sinal foi o de trânsito, que emitia um barulho que permitia aos cegos encontrá-lo e outro bem diferente que avisava que se podia cruzar a rua. Semáforos sonoros como este encontramos em todas as partes daquela pacata cidade.

Saímos da estação e, conforme o nosso jeito de ser turistas, seguimos a esmo, sem rumo e sem saber para onde íamos. A cidade é bonita, formada por colinas que rodeiam um vale, tudo isso repleto de construções históricas, muitas delas de quando o Brasil nem existia. O centro da cidade ocupa um local pitoresco no topo de uma colina, que desce até formar os vales dos rios Alzette e Pétrusse. A primeira visão que tivemos da cidade foi do alto da colina. Debruçando-se em um parapeito, podíamos ver o vale lá embaixo, com o rio que naquele dia estava reduzido a uma canaleta. Soma-se a isso tantas construções históricas que o centro da cidade foi declarado Patrimônio da Unesco. Embora a cidade não seja particularmente elevada, o seu layout é complexo, uma vez que ela está estabelecida em diferentes níveis, entre as colinas alargando-se na parte baixa, nas gargantas dos rios. A versão luxemburguesa do Elevador Lacerda é uma rampa das mais íngremes que já desci, que em zigue-zague e com direito a aviso aos turistas para que evitem descê-la, liga as partes alta e baixa da cidade.

Os detalhes da descrição vêm das leituras anteriores e posteriores à visita, item importante para alguém que, como eu, adoro entender onde estou indo, além das preciosas e minuciosas descrições de meu companheiro de viagem. Não encontramos maquetes táteis e como a ideia de um museu de miniaturas ainda não havia passado pela minha mente, não trouxe nenhuma foto tátil de um dos lugares mais diferentes em que já estive. Uma deixa para voltar, certamente. Não estávamos naquele país há quinze minutos, quando encontramos uma igreja. Atravessamos a rua e entramos. Num sussurro, o Gabriel comemorou:

"Notre-Dame!". E foi aí que eu lembrei de João. Não demoramos a achar a referência sobre nosso herói do século XIV: João, o Cego, estava de fato enterrado na cripta daquela catedral. Mas nosso entusiasmo esmaeceu ao lermos o aviso de que o local ficava fechado à visitação durante todo o inverno.

E como brasileiro não desiste nunca, agora que havíamos chegado tão perto, não iríamos desistir. Por sugestão do Gabriel, encontramos o centro de turismo e ao relatarmos nossa curiosa sina, fomos agraciados com algo que não podíamos esperar: a simpática atendente nos deu o endereço do presbítero de Luxemburgo. "Batam lá e tentem algo", sugeriu ela.

Isso queria dizer que, ao contrário do que imaginávamos, havia uma pequena possibilidade de êxito e nós nos agarramos a ela (à possibilidade e não a atendente luxemburguesa).

Como a cidade é pequenina, não demoramos a encontrar o local indicado. Tocamos o interfone e fomos atendidos por uma cidadã que, ao contrário de todos os demais luxemburgueses com quem conversamos, não sabia uma palavra de inglês. Como o nosso francês é pior do que o de uma criança argelina de dois anos, as explicações do Gabriel terminaram quando a moça disse-nos qualquer coisa ininteligível e desligou o interfone. Até quisemos acreditar que o tom de voz dela era uma mensagem para que esperássemos. Contudo, com o passar dos minutos, ficou claro que havíamos sido despachados mesmo. E quando nossa esperança de visitar o túmulo do cego mais ilustre do norte da Europa já havia terminado, o destino virou. Passaram dois policiais pela rua e nos vendo ali, à porta de tão importante autoridade religiosa, pararam. Explicamos a nossa história e eles (que lá em Luxemburgo não têm realmente com que se preocupar), se ofereceram para interceder por nós. Um deles tocou o interfone, "polícia" disse ele e, qual num passe de mágica, imediatamente a porta se abriu. Ele entrou na casa do presbítero, enquanto eu e o Gabriel ficamos do lado de fora, conversando com o outro policial.

Pensamos que, uma vez mais, houvéssemos sido ludibriados ou abandonados. Levou de dez a quinze minutos para o homem sair da casa. Eis o resultado da negociação: "Passem lá três e meia da tarde que talvez haja alguém para abrir a cripta para vocês".

Aquela altura, encontrar João, o Cego, já tinha virado para nós questão de honra. Por isso, depois de um almoço no McDonald's (com atendimento em português), voltamos pontualmente para a igreja de Notre-Dame. A princípio, nada; mas, passado uns dez minutos, chegou um religioso por lá. Ele já sabia da história e nos levou à cripta. Descemos por pequenas, estreitas, úmidas e frias passagens, para um lugar de cuja existência eu não podia supor. Era como se estivéssemos abaixo da terra.

A cripta era um lugar solitário, frio e silencioso. E, de certa forma, decepcionante. Além do cheiro de mofo, o máximo que encontrei foi um túmulo. Isso mesmo, nosso prêmio por mobilizar todas as autoridades deste pequeno grão-ducado foi uma lápide, ou sei lá que nome se dá... Pensando bem, o que mais eu poderia querer de uma cripta?

Mas isso só me vem à cabeça agora, quentinho, aqui no meu lar; naquela fria tarde luxemburguesa, esperava mais, talvez uma homenagem em braille, uma maquete, algo que fizesse com que o João, o conde cego de Luxemburgo, fosse para mim mais do que um nome.

Claro que, depois de tantas andanças, tinha que ter um sentido prático em encontrar aquele meu companheiro de deficiência. Pensei em pedir ao conde que me iluminasse os dias no ano que daí a algumas horas se iniciaria, mas depois me dei conta de que em nenhum lugar eu havia lido que o tal João fosse também santo. De modo que só me restava render-lhe minha homenagem. Depois de tanto buscar, agora que havia encontrado o João, eu não podia simplesmente virar as costas e ir embora. Após termos movimentado as autoridades religiosas mais importantes daquele grão-ducado, era preciso mostrar gratidão à altura do trabalho que estávamos dando. Ir embora sem mais seria até um desrespeito com o senhorzinho que tão gentilmente havia nos conduzido até aquele inóspito e gelado recanto. Ele não falava a nossa língua e nem nós a dele. Ou seja, fora de cogitação expressar a nossa comoção em palavras ou até perguntar algo mais sobre o João. Foi aí que tivemos a ideia.

E foi assim que, estreando na minha carreira de ator, fechei os olhos, botei a mão no rosto, baixei a cabeça e deixei que as aparências enganassem. E enganaram, porque o senhorzinho, comovido com minha dor, até se retirou para um cômodo anexo. Tenho certeza que João, Johann, Jean, Ion, John ou Juan (como queiram) nunca recebeu uma visita tão interessada em (não) vê-lo.

A CURA

Vamos fazer um rápido exercício de imaginação. Se coloque no meu lugar e me responda sem pensar: qual é o meu maior desejo na vida?

....

....

Errado! As pessoas tendem a achar que o maior sonho de alguém com algum tipo de deficiência é encontrar a cura. Parece óbvio, já que a deficiência muitas vezes é encarada como o pior dos males ou dos castigos, dependendo de quem seja, mas a verdade é que, em geral, somos muito mais tranquilos com isso do que se imagina. Os meios de comunicação contribuem para essa mistificação, na medida em que as raras novelas que abordam a questão da deficiência muitas vezes acabam dando um jeito de, no último capítulo, aquele dedicado aos casamentos e felicidades eternas, fazer com que a personagem levante subitamente da cadeira de rodas ou volte a enxergar por um milagre do autor, como se a única maneira de conviver bem com a deficiência seja curá-la de vez, como se a alegria de viver estivesse atrelada à condição de não ter uma deficiência. E como se isso fosse possível na vida real!

Já tinha parte desse texto escrito há algum tempo, mas foi essa semana que, por coincidência, o assunto veio à luz na minha vida, depois de muitos anos sem aparecer.

Tudo por conta do "super óculos", que permitiu a uma certa mãe ver o seu filho recém-nascido. A empolgação foi geral. Amigos e família quase em estado de ebulição trocando links e esperanças!

Quando surgem essas notícias, juro, eu sou o último a ler, quando leio. O pessoal do trabalho já começou a fazer planos de como seria quando eu voltar a enxergar...

Eu propus um desafio: quero chegar um dia e, com todos meus amigos quietos, tentar descobrir, só pela visão, quem é cada um. Será que, apenas pelas características que aprendo sem enxergar, consigo determinar quem é cada um usando um sentido que nunca tinha tido antes? Isso dá um bom artigo no blog, né? #sóquenao. Uma leitura mais atenta nas especificações do óculos mostrou que a tecnologia funciona apenas para os "legally blinds", isto é, pessoas que possuem algum resquício de visão. E isso, naturalmente, faz mais sentido, porque é muito mais fácil imaginar uma tecnologia que aumente a visão e corrija as distorções do que uma que simplesmente crie uma capacidade visual onde não existe. Ou seja, nada de cura. Não que eu tenha me importado.

É compreensível que alguém que não convive diariamente com as dificuldades de uma pessoa com deficiência imagine que estamos buscando eternamente a cura.

Natural que as pessoas pensem que a cada dia eu folheio ansiosamente a seção de ciências dos principais jornais, em busca de algum indício de que cientistas dos Estados Unidos ou Malawi estejam testando alguma tecnologia que me devolverá o mundo das imagens. "Não, não é assim. Ser cego, vejam só, tem até seus pontos positivos, mas é compreensível que as pessoas achem que a cura seja o único caminho."

Pior são aquelas que têm certeza. Não é raro ser abordado na rua por gente bem intencionada que me prega uma cura que nem sabem se eu estou procurando. E nem adianta você dizer que não está interessado, porque eles sabem, bem melhor do que você, quais são seus mais profundos anseios. Imagina você estar andando na rua e de repente ouve, "você é uma pessoa muito triste", assim, do nada, sem nem mesmo um bom dia. Nessas horas, para encurtar a conversa, sempre prometo que vou aonde querem. E, se tivesse cumprido, já teria feito um tour por todo o Rio de Janeiro e por centros de diversas religiões. Nada contra nenhuma, mas é que acredito de verdade que se sou cego em meio a tanta gente que enxerga (incluindo tantos estupradores, traficantes e corruptos), isso se deve a algo, e é imbuído dessa missão que tento a cada dia compreender melhor o meu papel nesse mundo. Sei que voltar ou não a enxergar é só um detalhe em meio a tanto que eu tenho a realizar. Claro que eu ressalto o trabalho dos muitos que se dedicam a pesquisas nessa área e não é preciso ser um adivinho para saber que eu tentaria usufruir de alguma evolução técnica que venha a aparecer; é só que essa está longe de ser a minha principal preocupação. O aumento do custo de vida ou da conta de luz (sim, por mais irônico que possa parecer, cegos pagam conta de luz) me tiram mais horas de sono do que o ver ou não ver.

Mas como diz o ditado (e com todo o respeito), se Maomé não vai até a montanha, a montanha vai até Maomé ou até Alá, Jeová, Deus, Jesus Cristo, Buda etc. Uma cerimônia de cura veio até mim. Foi na República Tcheca, na cidadezinha de Olomouc, base para minha experiência Esquiando no Escuro, que me fez o primeiro cego brasileiro a esquiar na neve, no inverno europeu de 2008.

Estávamos eu e meu amigo, professor e guia Gabriel diante de uma fascinante maquete do centro histórico de Olomouc, quando fomos abordados por uns caras, que acho que eram italianos. A cada domingo, eles cobrem a maquete da cidade com uma bandeira e pedem a Deus que abençoe Olomouc e que traga luz para os seus espíritos.

Tudo isso acontece ao som de flautinhas engraçadas e barulhentas. Naquela fria manhã, fomos as únicas testemunhas de mais uma dessas cerimônias. Ao final, quando pensamos que por fim teríamos a maquete só para nós, um dos religiosos se aproximou de mim. Ele havia decidido que minha maior vontade no mundo era voltar a enxergar, tanto que ele nem se deu ao trabalho de me explicar como aconteceria o milagre. Não, ele nem ao menos falou comigo.

Se dirigiu ao Gabriel e comunicou que eu seria curado. De modo que, quando dei por mim, estava cercado por meia dúzia de seus seguidores, um deles com a mão na minha cara dizendo palavras que eu não compreendia. Eles não apenas me prometeram, como também me impuseram a cura.

Eu estava ali, sendo rezado e benzido, de todos os lados, num ritual que até hoje não sei a que religião pertence, com maior medo de voltar a enxergar... Sim, porque já tinha comprado passagem, recebido patrocínio, conseguido roupas de frio, pago a inscrição no curso de esqui para pessoas com deficiência; tudo para participar dessa experiência que foi uma das mais marcantes da minha vida... Até mesmo alguns jornais já haviam falado da minha viagem! Tinha até começado a escrever um blog, chamado "Esquiando no Escuro" (e que se sublinhe o "escuro"), de modo que agora teria que ir até o fim. E eles ali, querendo estragar o nosso projeto!

Eles estavam dando o melhor de si na tentativa de me tirar de uma existência infeliz, enquanto eu apenas queria ficar cego por mais um tempinho, "se eu já esperei vinte anos, posso esperar um pouquinho mais", eu pensava.

O Gabriel, que nada pôde fazer para me defender da cura, tentava se comportar da forma mais digna possível, adequando-se a esta insólita situação. Até que eu não me aguentei e deixando transparecer minhas angústias e conjecturas, cochichei, "o que vai ser do blog?" e ele não se aguentou mais. Usando da mesma tática que experimentamos semanas antes em Luxemburgo, ele colocou as mãos na cara e fingiu que chorava, enquanto tentava desesperadamente prender o riso.

Quando tudo terminou, eu continuei cego, mas ao menos tenho mais uma história para contar.

EMOZZJONI, A VITÓRIA DA DERROTA

Me lembro como se fosse hoje de uma conversa que eu tive com o Eduardo, em que eu lhe perguntei se ele se lembrava do Rodolfo Soares, já que pela minha memória ele havia jogado no Fluminense. É que eu recém tinha descoberto que o zagueiro atuava no Hibernians de Malta. O Eduardo não lembrou, até porque faz dez anos que o Rodolfo atuou pelo Flu (e porque na época houve um zagueiro de mesmo nome que acabou ficando mais conhecido), mas a wikipedia posteriormente confirmou minhas suspeitas. E agora eu estava ali, sendo guiado pelo próprio Rodolfo, arquibancadas abaixo no Hibernians Stadium, rumo ao campo de jogo onde os atletas da equipe maltesa haviam terminado as atividades preparatórias rumo ao importantíssimo jogo do dia seguinte pela Liga dos Campeões da Europa.

Rapidamente vencemos os poucos lances de arquibancada e já estávamos dentro de campo. O Rodolfo foi logo me apresentando aos outros brasileiros do time: o Jackson, o Marcelo, o Jorginho... Todos de que eu já tinha lido muito a respeito nas matérias sobre o campeonato maltês. Foi curioso e diferente tê-los todos ali. "Ah, você é o Jorginho, que veio do Naxxar?", foi o que eu me peguei dizendo quando o Rodolfo nos apresentou. Ou seja, eu sem saber muito bem o que dizer, soltava o que me vinha à mente.

Foi a partir daí que o Rodolfo entendeu que a minha paixão pelo futebol de Malta ia além da simples vontade de conhecer um clube do país, de modo que ele me ofereceu apresentar-me para os jogadores malteses. Respondi que gostaria muito, até porque sabia que como acompanhante assíduo da seleção de Malta, eu conhecia vários deles de nome.

Ele chamou primeiro o Andrei Agius... Foi o primeiro jogador maltês que eu conheci na vida, justo ele sobre o qual há algumas semanas eu tinha lido que estava prestes a fazer uns testes num time da primeira divisão romena. Mais do que com ele, falei muito com o Andrew Coen, que foi eleito o melhor jogador do campeonato maltês na última temporada.

Com medo de que eles me vissem só como um ceguinho curioso, tão logo o Rodolfo nos apresentava, eu desandava a falar tudo o que sabia, disparando informações. Comecei por parabenizá-lo pelo prêmio de melhor jogador do ano da MFA; a simpatia e surpresa que isso causou me deram coragem para seguir falando. Perguntei então ao Cohen se ele jogava em maltês ou em inglês, as duas línguas oficiais de Malta, ao que ele me respondeu que nos dois idiomas. "Mas quando você tem que dar uma bronca no Rodolfo, você fala em maltês", ao que ele brincou que "falamos em maltês quando é sobre a mulher dele!"...

A emoção gera efeitos curiosos nas pessoas. Algumas, talvez a maioria, diante de momentos sublimes e tão aguardados, ficam atônitas a ponto de não articularem palavras.

Felizmente para mim, a emoção de estar em Malta e conhecendo jogadores da seleção maltesa me causou um efeito contrário. Assim que disparei a falar, não sei de onde me brotaram tantas palavras... Talvez fosse o medo. O meu medo não era de errar o inglês, mas de que eles não chegassem a entender o que estar ali significava para mim. Acho que não tive nenhum dos dois problemas, já que o meu inglês foi elogiado pelo Andrew Coen (que perguntou quantos anos eu tinha e por qual razão eu sabia falar inglês tão bem!) e sim, eles ficaram muito surpresos quando souberam que eu era do Brasil e que mesmo assim conhecia a história deles, um por um. Mas, lógico, o mais emocionado ali era eu. Falando como uma metralhadora, eu não me dei conta do quanto eu próprio estava emocionado.

Quando o Coen gritou para o outro lado do campo chamando o Clayton Failla, outro jogador da equipe nacional que atua pelo Hibernians, ele disse várias coisas em maltês que eu não entendi, com exceção de uma única e última palavra, "importanti". Na hora a Carol (que foi quem conseguiu que aquela visita acontecesse) salientou, "importanti você conseguiu entender, né?". Tinha entendido sim, claro, embora achasse que importante ali não era eu, mas o Clayton Failla, que eu realmente tenho no meu time do Elifoot. Apertar a mão do cobrador de faltas oficial da seleção de Malta foi incrível.

Disse a ele que eu o tinha no meu jogo no videogame (se eu falasse Elifoot ninguém ia entender), ao que ele me perguntou se ele era bom ou ruim no jogo. Tanto com o Andrew quanto com o Clayton Failla eu parabenizei pela vitória contra a Lituânia há alguns meses e ambos ficaram muito surpresos porque eu sabia do resultado. O futebol, mais do que os milhões de dólares e o marketing, é isso: amizade, respeito, celebração... Que importa se eu sou brasileiro, 5 vezes campeão mundial e eles são jogadores da seleção de Malta, que ganha um jogo a cada três anos e nunca vai se qualificar para a Copa do Mundo? Eu juro que fiquei mais contente conversando com o Clayton Failla e com o Andrew Coen do que se tivesse sido apresentado ao Neymar (e nada contra ele)... É algo que não se explica muito. Na foto que tiramos com toda a equipe, eu fui circundado pelos dois, o Andrew de um lado e o Clayton do outro. Acho que foi o momento na vida em que mais me senti maltês. Também tirei uma foto apenas com os jogadores brasileiros, o que foi sensacional. O Coen me deu mais atenção, mas foi do

Failla que eu ganhei algo que eu nunca poderia esperar e que representa para mim... Bem, a essa altura vocês sabem. E assim imaginam o quanto eu fiquei feliz quando ele me deu a sua camisa de treino, suada, que eu vou guardar com o maior carinho, depois de lavar, é claro.

Depois das fotos e quando o grupo se dispersou, ficamos um tempo conversando com o Rodolfo, que me esclareceu várias questões a respeito do futebol maltês. Ele me contou que esse será o primeiro ano em que os times de Malta terão que ser totalmente profissionais, o que vai mudar a estrutura do futebol local. Atualmente, só os jogadores estrangeiros recebem para jogar em Malta, enquanto os locais têm outras profissões, razão pela qual os treinamentos são apenas de noite. Dentre os que eu falei, o Andrew Coen e o Clayton Failla tem pequenos comércios. Foi curioso também o Rodolfo têm me contando aspectos da vida na ilha, como as suas filhas que são brasileiras, mas que vão à escola em Malta e por isso estão aprendendo a falar maltês. Como resultado, deveres de casa ininteligíveis para ele e a esposa.

No dia seguinte, claro, estávamos lá. Mesmo tendo enfrentado um engarrafamento em Marsa, nós estivemos entre os primeiros a chegar no estádio, tanto que não enfrentamos filas na bilheteria. Apesar de estar escrito que a entrada era 7 euros, os ingressos nos custaram 10. A moça da bilheteria nos perguntou se queríamos as entradas para o setor do Hibs, "off course", eu respondi. Estava lá pelo Hibs e com o Hibs. Quando perguntei porque o ingresso custou 10 se estava escrito 7, um cara atrás de mim na fila explicou que aqueles eram os preços para os jogos do Campeonato Maltês. Falei então que era a minha primeira vez no Hibernians e ele respondeu, "seja bem-vindo".

E foi assim que eu me senti, bem-vindo. Pouco depois, enquanto esperávamos que o estádio abrisse, uma senhora veio nos perguntar para que time iríamos torcer, tendo ficado muito feliz ao ouvir nossa resposta.

Quando que eu podia imaginar que o meu primeiro estádio em Malta fosse... Bem, antes disso, quando eu poderia imaginar que algum dia eu fosssse asssistir a um jogo em um estádio maltês? Imaginar eu até imaginei, mas só realizei graças ao amigo alemão Rolf, que me levou.

Mas quem poderia dizer que, em vez do Estádio Nacional Ta'Qali, a minha primeira aventura futebolística fosse acontecer no Hibernians Stadium? Se o único jogo do ano em Malta pela Liga dos Campeões acontece justamente na semana em que eu estou no país, é um sinal bem grande de que eu tinha mesmo que ir. E eu estava ali, sentado há poucos metros dos ultras do Hibernians, com camisa do Hibernians que o Failla me deu e ainda por cima tomando um copo de Kini (o refrigerante nacional), me sentindo um verdadeiro maltês. Talvez por isso a policial que fez a revista quando entramos tenha se dirigido a nós em maltês. E nós até entendemos que era para abrir a bolsa.

Nenhuma equipe de Malta jamais passou da segunda fase preliminar da Liga dos Campeões, o adversário era muito mais forte, mas mesmo assim, a torcida estava lá.

Oficialmente, foram 1475 espectadores, que estavam presentes não apenas em número. Tinha ouvido que a torcida do Hibernians Paola é a mais apaixonada de Malta e ainda que não tenha tido oportunidade de comparar, depois dessa noite, não duvido. Eles participam intensamente do jogo, com a bateria ajudando a criar uma intensa atmosfera. Quanto aos gritos? Bem, eram legais, ritmados, animados, escutei Pet Shop Boys e até lambada ("Chorando se foi)", mas letra mesmo não entendi nada, porque os cantos não eram em inglês mas sim em maltês, da mesma forma que os anúncios do estádio. Se eu tinha alguma dúvida a respeito da língua que está no coração do povo de Malta, o futebol me respondeu também a esta pergunta. Ainda que eu só entendesse alguns resquícios como "forza Hibs" ou "success", os cantos eram tão empolgantes, que muitas vezes me peguei entoando-os junto com a torcida.

O Estádio do Hibernians é o segundo maior de Malta, com capacidade para 4 mil espectadores. Situa-se na região metropolitana de Valletta, mais precisamente na cidade de Paola.

Sede da equipe, Paola é uma cidade operária, onde vive grande parte dos que trabalham no porto de Malta, cujos imensos guindastes podem ser vistos da única arquibancada do estádio. À esquerda, está a sede do clube e os vestiários, enquanto na lateral oposta a da arquibancada, localiza-se o campo de treinamentos do time. Estar em um estádio menor é uma experiência incrível, porque em qualquer lugar que se senta, você não está a mais de vinte metros do campo, de maneira que é possível ouvir os jogadores em campo e até falar com eles, como eu gritei, "Rodolfo, acaba com eles", sendo que ele ouviu, ficou surpreso, olhou e sorriu. Num estádio menor, ainda que não esteja lotado, a energia da torcida fica mais concentrada, de modo que a atmosfera da partida é quase palpável. O meu único medo era que o Macabi Tel-Aviv fizesse valer sua maior força e começasse a marcar um monte de gols.

Para não dizer que eu não falei de futebol... Não demoramos a perceber que a equipe visitante era mesmo mais forte, mas logo ficou claro também que não assistiríamos a uma goleada israelense, já que houve bastante equilíbrio nos primeiros minutos de jogo. O Hibernians chegou a levar muito perigo aos 19 com um chute que saiu junto à trave, mas um minuto depois os israelenses aproveitaram-se de uma falha de marcação para abrir o placar. Como se xinga em maltês? Todos ficamos bem chateados, até porque, em campo, o Hibernians sentiu o golpe e parecia mais perto de tomar o segundo gol do que de empatar. Aliás, a equipe israelense teve uma grande chance, que o Rodolfo salvou quase em cima da linha. Como eu sei de tudo isso? O Rolf

– amigo alemão conhecedor de Malta que aceitou o convite e missão para me guiar através da ilha durante 10 dias -, foi me contando passo a passo toda a partida, fazendo uma audiodescrição que me permitiu estar em contato com tudo o que acontecia em campo. Professor universitário, o Rolf foi jogador em alguns clubes menores da Alemanha e por isso seus conhecimentos de futebol são bastante acima da média. Conversávamos no intervalo, e infelizmente previamos que os israelenses fossem marcar mais um ou dois gols nos 45 minutos finais. Ao menos, tínhamos nos divertido em um programa totalmente em sintonia com corações apaixonados por futebol.

Veio o segundo tempo e pareceu ser outro Hibernians a equipe que emergiu do vestiário: marcando mais em cima, dando menos espaços, os paolits começaram a rondar mais o gol adversário, mas sem criar chances de perigo. O jogo foi se arrastando e dando a entender que o 1x0 seria o placar final. Os próprios israelenses estavam contentes com isso...

Mas, aos 29 minutos, depois de uma sobra de escanteio, houve uma jogada toda brasileira, que culminou com a cabeçada de Jackson Lima. Yeah, me gritou o Rolf do meu lado! Empatamos!

Você não imagina como vibrei! Esperava por pelo menos um golzinho desde o início do jogo e agora tinha algo para comemorar! A torcida explodiu, os cantos recrudesceram, a animação contagiou toda a arquibancada e transbordou para o campo, de modo que os jogadores do Hibernians passaram a acreditar que podiam. E podiam, e puderam, quando uma falta resultou em um cruzamento de meu amigo Andrew Cohen, que o Jorginho mandou de cabeça para as redes. Já fui muitas vezes a estádios, assisti a jogos de diversos times, da seleção brasileira, jogo de Copa do Mundo, mas poucas vezes me lembro de ter sentido no estádio a emoção que tomou conta de mim – e não só de mim – naquele preciso momento em que o Hibernians fez o que ninguém esperava e virou a partida. E eu, que desde o início só queria um golzinho, agora tinha diante algo que era muito maior do que eu jamais esperara. Forza, Hibs!

O futebol é apaixonante por essas coisas. Numa competição dominada pelos bilhões do Barcelona, pelas estrelas milionárias do Real Madrid, pelo sheik do Manchester City ou pelos patrocínios sem fim do Bayern de Munique, há espaço para as fugazes alegrias dos pequenos coadjuvantes. O velho esporte bretão tem esse poder, algo que é difícil definir em palavras, mas que fez com que, naquele preciso instante, os torcedores de uma cidade operária numa ilha perdida no meio do Mediterrâneo se sentissem no centro do futebol mundial.

Faltavam cerca de 8 minutos para o final da partida e o Hibernians estava prestes a conseguir uma façanha daquelas. Sofrimento? Pressão do adversário? Que nada, a equipe da casa controlou tão bem o restante da partida, prendendo a bola no campo de ataque, que os malteses estiveram mais próximos do terceiro gol do que de levarem o empate.

O apito final foi o início da história. Não se pode mais falar que um time maltês nunca ganhou uma partida de Liga dos Campeões! O Hibernians ganhou e ganhou de virada, com um espetáculo da torcida e uma dose de emoção para amante do futebol nenhum botar defeito. E eu estava lá, assistindo de arquibancada a um dos capítulos mais importantes da história do futebol de Malta.

Quando terminou o jogo, fizemos como o Rodolfo tinha dito e ficamos esperando por ele no portão do estádio. Um dos primeiros a sair foi justamente o Cohen. Quando ele me reconheceu, veio todo feliz falar comigo, dizendo que eu tinha trazido sorte para eles e me perguntou se eu não queria ir com o time para Israel. O Failla, que apareceu pouco depois, reforçou o convite e ainda me chamou para assistir o treino deles no dia seguinte. E o Rodolfo, todo feliz pela vitória, foi um dos últimos a sair. E quem diria que, na noite em que o futebol de Malta atingiu um dos pontos auges de sua história, o Brasil estaria lá, representado, não apenas dentro, como também fora de campo. Um capítulo escrito em duas nacionalidades e que fez com que, ao menos por uma noite, essa rochosa ilha no Mediterrâneo pudesse se sentir como a Pátria do Futebol.

P.S.: No jogo de volta, realizado em Israel uma semana depois, o Macabi abriu o placar aos 34 minutos do primeiro tempo. Eu tinha dito ao Rodolfo que ele marcaria o gol da classificação do Hibernians; e de fato, aos 7 minutos da segunda etapa, ele anotou o tento de empate. No dia seguinte, a Carol me contou que no mercado duas crianças com a camisa do Hibernians estavam comentando fascinadas em maltês sobre o gol do brasileiro. Só para se entender a paixão, porque infelizmente o gol do Rodolfo não foi o da classificação, já que os israelenses marcaram mais 4 vezes na segunda etapa e fecharam a partida em 5x1.

EU NÃO QUERO A VISÃO, QUERO A VISUALIZAÇÃO

Já fazia palestras há alguns anos, quando surgiu a ideia de criar um canal no Youtube. Olhei com desconfiança: eu sempre me dei melhor escrevendo do que falando, não sou bom em gravar vídeos. E mesmo sendo um profissional de comunicação, foi a matemática quem me ajudou a decidir.

Se em uma palestra eu consigo falar com 20, 30, 50, 100 pessoas, o Youtube me daria um alcance muito maior. E assim nascia o *Histórias de cego*, o canal que vê a vida de um modo diferente.

Mas daria um alcance maior mesmo? O começo foi muito difícil. O canal completou seu primeiro aniversário com menos de 100 inscritos, fiquei meses sem gravar nenhum vídeo porque ninguém via mesmo... Até que lentamente a coisa foi mudando. OK, não tão lentamente, porque em dois meses, o canal passou para 60 mil inscritos. Em agosto de 2018, atingíamos a marca (e não o Marcos) de 100 mil. Até a placa do Youtube eu recebi, embora ela tenha demorado um ano para chegar e não tenha vindo com nadinha escrito em Braille.

Em meio às comemorações pelos inimagináveis cem mil inscritos, alguém deixou um comentário de que eu só tinha atingido esta marca porque sou cego, o que serviu apenas para que eu criasse um dos quadros de maior sucesso do canal: o Derrubando Preconcegos. Sabe aquelas frases rótulos com que nos etiquetam? Cegos não trabalham, cegos são pessoas tristes, cegos são coitadinhos, cegos ficam o dia inteiro em casa à toa... Então, era chegada a hora de eu atacá-las, atuando como uma espécie de Demolidor, cego como ele, mas no meu caso os inimigos são os preconceitos.

Derrubando os preconceitos contra cegos, os PreconCegos. Porque, antes de tudo, é esse o objetivo do canal.

Preconceito é algo que todos nós temos com relação ao que não conhecemos. É o pré-conceito, o conceito anterior, aquilo que a gente imagina de algo que a gente não conhece. Em suma, preconceito é desconhecimento. E como se combate o desconhecimento? Levando conhecimento. É por isso que eu tento no canal responder às perguntas que as pessoas me fazem: Como cegos sonham? Como cegos usam celular? Cegos dormem de olho aberto? Como cegos estudam? Como cegos sabem que acabaram de se limpar? Responder a essas perguntas é, em último grau, se aproximar dessas pessoas que só querem saber. E qual maneira mais fácil de quebrar um preconceito que levando informação? E não qualquer informação: é um cego falando de coisas de cegos. Estou falando pelo meu ponto de vista, mostrando como é a minha vida, dificuldades e alegrias, sonhos e problemas, falta de acessibilidade e conquistas.

O tom leve e divertido da maior parte dos vídeos é antes de tudo uma característica pessoal. De tristezas, o mundo está cheio, então por que não falar de forma alegre de um tema ainda considerado tão tabu? Se funcionou sempre nas palestras, poderia também funcionar no canal do Youtube. E por isso os vídeos são irreverentes. Com eles, eu busco quebrar a visão que as pessoas têm de que somos tristes e coitadinhos.

O grande exemplo está justamente no vídeo de maior sucesso do canal até aqui. Aliás, grande parte do crescimento do canal se deveu a ele. Quando gravei o "10 Momentos em que Até Você ia Querer ser Cego", o *Histórias de cego* tinha apenas 61 inscritos.

Estava na casa da minha amiga Thaís, ela insistiu para gravarmos algo, eu desgostoso com os não rumos do canal, resisti um pouco. E em 15 minutos, gravamos. Ainda bem que ela insistiu. E ainda bem que ela editou. Nunca imaginei que teria um vídeo que ultrapassasse um milhão de visualizações. Ele também tem o recorde de comentários, de curtidas e de não curtidas... Sim, o vídeo tem uma proporção relativamente alta de pessoas que não gostam dele.

E lendo alguns comentários, eu consegui entender a razão disso.

"Você vai morrer cego!" ou "você vai ficar cego e aí você vai ver como é de verdade", "Para de debochar da deficiência dos outros", "Quero ver se fosse com você"... As pessoas não entendem que um cego pode brincar com a própria deficiência. Para elas eu não sou cego e então estou debochando.

Porque se eu fosse cego mesmo, estaria triste e chorando e procurando a cura e em casa o dia inteiro e ouvindo radinho de pilha... Derrubemos os Preconcegos!

Mas nem só de haters vive o *Histórias de cego*. Muito pelo contrário. Aliás, eu ainda me surpreendo quando sou parado na rua para uma foto, e isso já aconteceu diversas vezes em diferentes cidades e eu ainda me impressiono de ter gente que me conhece e me reconhece.

Já recebi relatos de pessoas que usaram os meus vídeos para se concentrar durante os estudos para um mestrado; já fui parado em um aeroporto por uma moça que estava perdendo a visão e que me disse, parafraseando algo que eu sempre falo no canal, "pelos seus vídeos, descobri que existe vida após à cegueira". E teve a mãe do Cauã. Eu não a conheço, não sei de que estado ela é; o que sei é apenas o que ela escreveu: que seu filho tem 5 anos e um problema grave no coração que o impede de fazer várias coisas, "mas hoje ele veio me dizer que quando ele assiste aos seus vídeos, ele acha que pode fazer tudo". O que significa isso na vida de uma mãe? E o que significa isso para mim? Quando estou no sofá da minha casa gravando um vídeo, não dá para imaginar o poder que as minhas palavras podem ter para pessoas que já perderam a esperança.

E sempre tem aquelas pessoas que querem me curar. "Mano, por que você não faz uma cirurgia pra voltar a enxergar?", já li algumas vezes. Como se eu não tivesse feito 16! "Eu creio que você vai voltar a enxergar", alguém recentemente comentou, e quando eu fui responder, vi que outra pessoa já tinha escrito que "Não vai! Mas tá tudo certo!". Exatamente: não vou voltar a enxergar, mas está tudo certo. Não estou buscando a cura, até porque se eu voltasse a enxergar o canal acabaria. O importante para mim é que as pessoas aceitem a deficiência como algo natural, como algo com que nós conseguimos viver, como algo que está mais relacionado à falta de acessibilidade e ao preconceito do que à incapacidade. E por mais que todas essas pessoas que querem me devolver este quinto sentido estejam pra lá de bem intencionadas, eu sempre lhes digo: não precisa me dar a visão, eu quero mesmo a visualização. Porque eu não criei o canal para voltar a enxergar, mas sim para que a sociedade possa nos enxergar de maneira diferente.

O PODER DO ESPORTE PARALÍMPICO

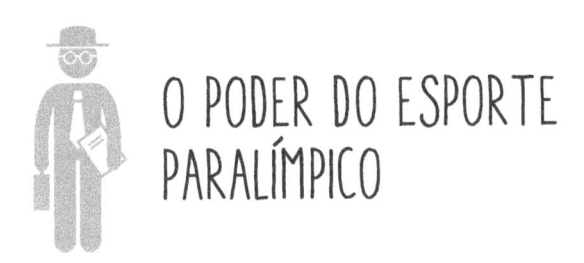

Em 2016, também conhecido como ano que vem, a cidade do Rio de Janeiro receberá os Jogos Paralímpicos. Não são as Miniolimpíadas ou Aquelas Competições lá de Deficientes, nem as Olimpíadas Paralímpicas... Nada disso, é a XV Edição dos Jogos Paralímpicos, que acontecem entre duas datas muito importantes, 7 de setembro e 18 de setembro (meu aniversário, claro). É a primeira vez que a América Latina sedia este que já é o terceiro maior evento do mundo em número de ingressos, perdendo apenas para os Jogos Olímpicos e para a Copa do Mundo de futebol.

Sou fã dos Jogos Paralímpicos, e não apenas porque trabalho para organizá-los. Tampouco tem a ver com o fato de o Brasil, apesar de todos os problemas de inclusão e acessibilidade que tão bem sabemos, ser gigante e potência quando o assunto é esporte paralímpico. Ficamos em sétimo lugar no quadro geral de medalhas em Londres 2012 e a meta do Comitê Paralímpico Brasileiro é de atingir o quinto lugar no Rio 2016, sem falar no estrondoso desempenho da delegação brasileira, que venceu o Parapan-Americano de Toronto, no mês passado, com o dobro de medalhas de ouro do segundo colocado.

Claro que ganhar ajuda, mas a minha paixão pelos Jogos Paralímpicos tem motivos mais pessoais. É que o esporte praticado por pessoas com deficiência tem um poder difícil de igualar quando o assunto é inclusão. A sociedade, de uma maneira geral, está acostumada a ver a pessoa com deficiência na posição de coitado, de menor, mais frágil e menos capaz.

É o ceguinho pedindo esmola no sinal, o cadeirante vendendo bala no trem... Na televisão, as pessoas com deficiência só aparecem quando o ceguinho cai num buraco de uma obra incompleta, quando o senhor cadeirante espera duzentos ônibus e não consegue embarcar porque em nenhum deles a rampa funciona... Nas novelas? Até aparece, mas só se no último capítulo o cadeirante voltar a andar e o cego fizer uma cirurgia magnânima e poder ver a luz do mundo e da vida.

Mas o esporte rompe todos esses paradigmas. Porque de repente, tem um cara sem perna nadando mais rápido do que você (com duas) jamais sonhou, quando veem o Ricardinho driblando melhor que todos os jogadores do meu time juntos, todos esses "pré-conceitos" caem por terra.

E já que estamos falando de futebol, respondam rápido: qual o nome que se dá ao juiz que deixa de marcar um pênalti daqueles escancarados para o seu time? Ladrão?

Claro, mas partindo do pressuposto que o cara é honesto... Pode dizer, você pensou em cego. Fique tranquilo, você não é o primeiro a chamar o juiz de cego, tanto que em uma palestra no ano passado perguntei ao Arnaldo César Coelho se em sua carreira o haviam xingado de cego; e, antes que ele pudesse responder, até porque a resposta todo mundo já imagina, emendei, "e você se sentiu ofendido?". Mas enfim, voltando ao nosso teste: E quando o atacante perde aquele gol que até sua avó faria? "Cego!". E quando o goleiro toma aquele gol de falta lá da casa do chapéu? Frangueiro é o primeiro nome, eu sei, mas principalmente quando o jogo é de noite, não são poucos os que gritam, "tá cego?!".

E o que dizer daquele treinador que tira o melhor jogador do time para botar um pereba que a gente dava graças a Deus por estar no banco de reservas?

"Burro!" E cego, pode falar, "parece que o cara não está vendo o jogo!"

Pois é, cego no futebol está associado a frangueiro, ladrão, burro, incompetente... Futebol e cego não combinam, definitivamente. Mas como assim, se temos uma seleção que é tetracampeã mundial e tricampeã paralímpica? No país do futebol, só o futebol de 5 (para cegos) possui medalhas de ouro, incluindo Jogos Olímpicos e Paralímpicos.

Mesmo assim, na época em que era atleta de futebol e aproveitava as raras ocasiões em que os campeonatos aconteciam no Rio de Janeiro para convidar familiares e amigos para assistir a uma partida, percebia a incredulidade mesmo de pessoas próximas a mim. Você joga bola? Só faltavam dizer! E só por educação é que não me perguntavam se era com a bola quadrada do Kiko. Assim, quando chegavam ao ginásio e se deparavam com uma partida de verdade, um jogo disputado e acirrado, a reação era sempre a emoção.

Quantas pessoas não reavaliaram suas vidas nas arquibancadas de ginásios Rio afora! "Eu aqui reclamando da minha vida e os caras lá superando a deficiência", pensavam, ainda que ao final do jogo nós fôssemos continuar cegos: o que buscávamos mesmo superar era o adversário.

Passado o primeiro impacto, identificavam em que time eu atuava e começavam a fazer o que tinham ido lá fazer: torcer para mim. E daí começavam a esbravejar com o juiz, a reconhecer em qualquer contato do oponente uma falta não marcada, em torcer para o goleiro adversário frangar e para o atacante do outro time errar o chute... Ops, mas o atacante adversário é cego também! Que importa, o cara já tinha esquecido a deficiência e estava vendo o esporte, apenas mais uma partida de futebol! Eis o milagre do esporte paralímpico!

É o esporte apresentando as pessoas com deficiência de uma maneira positiva para a sociedade, sem que seja necessário que elas deixem de ter suas deficiências.

E ontem na Lagoa, ao ver o assombro de crianças e adultos que colocavam uma venda nos olhos e descobriam sentidos que elas nem sabiam que existiam em seus primeiros e naturalmente claudicantes passos na aprendizagem do futebol de cegos, eu tive a certeza de que Jogos Paralímpicos é esporte, muito esporte, mas é também um belo cartão de visitas que convida, "venham nos conhecer, somos normais, mais do que vocês pensam!".

São 23 modalidades, 4350 atletas de 178 países disputando esportes de verdade. São atletas profissionais que treinam e se dedicam. Muita gente acha que é fácil ser atleta paralímpico, e uma prova de que não é pra qualquer um está neste humilde jogador de futebol de 5, que agora vos escreve, e que nunca nem sequer se aproximou de disputar alguma edição dos Jogos.

E se minha medíocre carreira de atleta não me permitiu estar lá para defender o Brasil, ao menos em 2016 participarei dos Jogos Paralímpicos como profissional da inclusão.

O DIA EM QUE CAMINHEI EM DUAS RODAS

Não enxergar é bem complicado, porque você não vê os caminhos, não enxerga os obstáculos, não tem acesso a muitas informações visuais do mundo que nos rodeia...

Ser cadeirante tampouco é fácil, com a total falta de acessibilidade de nossas ruas, com poucas rampas que muitas vezes são escondidas por motoristas que deixam seus carros bem na frente delas, com as calçadas irregulares, etc. Eu fui ambos, ao menos por um dia e justamente na última sexta-feira 13 de 2013, data sugestiva, porque é o dia internacional do cego.

Tudo ocorreu por conta de um programa do meu trabalho chamado "Eu não sou cadeirante, mas e se fosse?" em que a área de acessibilidade disponibilizou cadeiras de rodas para que os funcionários experimentassem na pele como é ser um cadeirante no Rio de Janeiro. Havia duas opções: lógico que eu escolhi a very high extreme, que consistia em passar o dia inteiro de trabalho numa cadeira de rodas, incluindo a saída para o almoço. Ah, eu também era o único cego a fazê-lo!

O meu desafio era tão extremo que mesmo a Sabrina, que estava cuidando das inscrições dos interessados, minha amiga e por isso sabedora de minhas potencialidades, ficou reticente quanto aos resultados de deixar um cego rodar sozinho com uma cadeira de rodas. Minha persistência a convenceu. "Como você vai fazer para saber para onde está indo?", perguntava ela. E eu sei lá, como vou saber se eu nunca fiz isso antes? "Mas você tá preparado?". Que nada, o ser humano lá tá preparado para alguma mudança drástica até ela acontecer e então ter que lidar com as consequências?

Foi com esse espírito de vamos ver que bicho vai dar que sentei numa cadeira de rodas de um modelo bem pequeno e apertado às 08h30. Os primeiros instantes são flutuantes, com você batendo em tudo e em todos, sem saber muito bem como manejar os controles, no caso as duas rodas. Perdia, de uma vez só, as duas mãos, essenciais para manejar o equipamento, de modo que, sem poder segurar a bengala, a primeira dificuldade que se apresentou foi a de como faria para locomover-me sem correr o risco de ficar paraplégico de verdade.

Experimentei colocá-la entre os joelhos, mas logo ficou claro que, qualquer resvalada no piso e a bengala se voltaria como uma haste na direção da minha garganta.

Assim foi que a dobrei, de modo a diminuir sua altura e as chances de ser degolado.

O primeiro desafio, a caminho da minha mesa, foi um pipi-stop no banheiro acessível do meu andar, já tão meu velho conhecido. Juro que, depois que me enrolei todo para abrir e fechar a porta e quando finalmente consegui estacionar a cadeira junto ao vaso sanitário (que falta faz um flanelinha nessas horas!), pensei em dar uma roubadinha, de leve assim só pra facilitar. Se eu ficasse em pé rapidinho ninguém ia ver mesmo e o problema estava resolvido. Mas daí me lembrei do meu amigo Augusto, inspirador de minha decisão de topar aquele desafio, pensei que havia pessoas que jamais poderiam optar por levantar-se; e prossegui. Ou seja, sem ter tido nenhuma aula de como fazer a transferência de um assento para o outro, fui me apoiando, me pendurando, torcendo para que a cadeira não caísse para trás, tentando tirar a calça sem que eu mesmo não acabasse dentro do vaso.

Chegando finalmente à minha mesa, encontrei... A minha cadeira, a outra, a de trabalho, que eu tive que remover da frente. Assim foi que prendi meus pés em baixo dela e a fui empurrando. Ficou tão bom, que quase adotei o novo procedimento, já que aquela poltrona funcionava como um airbag ideal. Pena que o conjunto não caberia em elevador nenhum!

Minha chefe, a Mariana, divertindo-se com minha coragem, documentava as aventuras do "cegaleijadinho". "Bom dia", me desejou um colega de trabalho. "E lá é um bom dia para quem tem duas deficiências", respondi divertido, ao mesmo tempo em que pensava que meu caso era tão grave, que nem o movimento paralímpico, pródigo em inclusão, tem algum esporte reservado para mim. Falar em reservado, tive que recorrer a ele muito mais vezes do que o habitual, talvez por estar sentado o tempo todo em uma cadeira bem apertada, talvez pela experiência diferente. E justamente no dia em que eu estava numa reunião internacional, saí umas três ou quatro vezes do auditório para cumprir minha sina. E se um cego já chama atenção, quando ele está na cadeira de rodas, com a bengala presa aos joelhos, é verdadeiramente impossível sair de um ambiente de forma discreta. E daí sempre que eu tinha que ir ao banheiro, todo mundo parava, me olhava e eu quase me sentia obrigado a esclarecer, "calma gente, é só o número 1".

Bideficiente, tinha dois problemas para resolver em meus deslocamentos: como andar com a cadeira em linha reta e como, além disso, poder me guiar para evitar os obstáculos que estão pelo caminho, mesmo dentro de um prédio bastante acessível. Aliás, se não fosse a acessibilidade, não teria sido possível, porque simples necessidades como ir ao banheiro, trocar de andar ou mesmo chegar à mesa de trabalho, dependem da existência de rampas, banheiros espaçosos e adaptados, pias baixas, elevadores, etc. Eu tentei me guiar pelo piso tátil, mas foi só no final do dia que eu consegui pegar o jeito de como manter as rodas da cadeira sobre a superfície rugosa que nos serve de guia e que me indicava que estava andando em linha reta. Mas, em meio a tudo, descobri logo uma vantagem: a cadeira de rodas tinha um lugar ideal para apoiar a minha bengala, resolvendo um problema que eu sempre tenho quando chego a algum lugar e fecho meu instrumento de caminhada e me encontro com não ter onde colocá-lo.

Mas o desafio supermegaextralarge era mesmo o almoço. E as meninas ainda escolheram o lugar mais longe. Sério, como eu faria para me guiar na rua? Claro que não estava sozinho, óbvio que não iriam deixar com que eu caísse na rua e fosse atropelado por um ônibus grandão, mas, dentro do possível, eu queria fazer tudo por mim mesmo. Para isso, no entanto, era imprescindível que eu encontrasse um meio de utilizar a minha bengala, o que era difícil na medida em que minhas duas mãos estavam ocupadas em movimentar a cadeira. Porque, quando se está andando na rua, não basta manter a bengala à frente, como é possível fazer dentro de um local que eu já conheço bem; é necessário movimentá-la, de um lado para o outro, de modo a garantir que não há um obstáculo em seu caminho.

Experimentar era mesmo a palavra do dia, de modo que usei a criatividade para tentar manejar a bengala sem as mãos, mas só consegui algum resultado (veja bem, algum resultado) esticando bem as pernas a minha frente e segurando a bengala entre os joelhos. Movimentando as pernas para um lado e para o outro, como num samba do cego doido, fui capaz...

Mentira, não fui capaz de nada mais do que arrancar risadas dos que me acompanhavam e possivelmente aumentar as expressões de pena dos que passavam e viam aquele infortunado deficiente. Nunca tantos carros pararam para que eu pudesse atravessar!

Era quase impossível me guiar com a bengala, diante de todos os outros novos obstáculos e desconhecidas sensações que apareceram na minha vida. Um meio-fio, que até ontem eu descia com um passo, hoje requeriu (existe isso?) uma operação toda especial: após identificá-lo com a bengala, tinha que manobrar a cadeira, virá-la de costas para o precipício de 30 centímetros, encomendar-me a Deus, empinar o meu veículo e zaz... Olha o que faz a falta de rampas! E se andando a gente percebe o quanto as calçadas são irregulares, quando se está numa cadeira de rodas é que esse inconveniente salta aos olhos. E faz saltar o corpo todo. Quaisquer desníveis influem negativamente no desempenho da cadeira; chãos de pedra portuguesa são irritantemente trepidantes, exigindo uma maior força nos braços para serem vencidos. Vencidos mesmo, esta é a palavra! A odisseia foi tão desgastante e demorada, que confesso que no caminho de volta a Natalie empurrou a cadeira durante todo o percurso, enquanto eu fiquei ali sentado, tranquilão, apenas curtindo a paisagem.

A tal reunião internacional durou o dia inteiro. Em ocasiões assim, eu sempre fico esperando os intervalos porque sinto uma imperiosa vontade de levantar, dar uma caminhada, esticar o corpo.

Mas... tõen! Não valia levantar da cadeira de rodas, nem quando o corpo quase ordenava. No último intervalo, já pelo meio da tarde, eu corri com a cadeira de uma ponta à outra do corredor, apenas para me movimentar. Mas não roubei em nenhum momento e sou muito orgulhoso disso. E confesso que, quando chegou a hora de devolver o equipamento, quase que não ia conseguindo pôr-me de pé, as pernas fraquejaram e a minha coxa doía como se eu tivesse malhado. Diante disso, como será que meus braços enfrentariam o dia seguinte?

Não sei, assim que cheguei em casa, escrevi esse texto, aproveitando que eles eram ainda funcionais.

Ah, sabe aquele lugar maravilhoso que encontrei na cadeira de rodas para deixar a bengala? Quando voltei do almoço descobri que o roçar da roda da cadeira desgastou o cabo da minha bengala de tal maneira, que agora tenho um desenho muito diferente bem onde a seguro, marca indelével do dia em que somei as dificuldades e multipliquei as potencialidades de duas deficiências tão distintas. De fato – e que me desculpem os cadeirantes – é bem mais fácil ser cego. Essa experiência apenas confirmou uma antiga suspeita: a visual é mesmo a melhor deficiência. Ou ao menos eu estou mais acostumado a ela.

TROCA DE OLHAR

E eis que de repente, os colegas de trabalho começam a aparecer vendados, caminhando tronchamente pelas ruas, usando sua hora do almoço para integrar-se e para trocar. Trocar um momento que seria de lazer e descanso, trocar aquela tão esperada horinha de almoço por algo mais desafiador do que o próprio trabalho. E, sobretudo, trocar de ponto de vista. Tão esquisito, que até a repórter da Globo News que estava ali para fazer uma entrevista sobre um assunto nada relacionado, ao ver tantos cegos temporários se interessou pela experiência a ponto de ter dado um jeitinho para botar o "Troca de Olhar" na matéria que ela produziu.

Ser cego deve ser muito triste e difícil, né? Triste? Todas as histórias que venho relatando mostram que não tem nada de triste na minha vida. Quanto a ser difícil, a falta de acessibilidade para uma deficiência sensorial como a minha faz com que tarefas simples do cotidiano sejam mesmo desafiadoras. Em um mundo completamente visual, a minha maior deficiência passa a ser a falta de acessibilidade.

Mas como você se sente? Bem, é complicado explicar, tem que viver para ver. Ou melhor, para não ver. E é a isso que se propôs o projeto Troca de Olhar, que convidou os funcionários do Rio 2016 justamente a trocar um pouquinho a perspectiva e enxergar (ou não) pelo ponto de vista do outro. Troca de olhar, é ver pra crer.

Eu e a amiga Marina, que me ajudou na organização do Troca de Olhar, dividimos o projeto em duas partes, com nomes pomposos: a light e a extreme. Pode parecer irônico que o nome remeta justamente a algo que falta ao cego, luz; mas light aqui quer dizer leve. Não fácil, leve apenas. Os participantes eram vendados e conduzidos a uma sala onde tomavam café da manhã, sem que previamente tivessem visto a disposição do ambiente ou dos alimentos. Na modalidade extreme... Bem, o buraco (aliás, vários deles) era mais embaixo. O desafio era bem maior e mais complexo, um pouco mais, digamos, extremo. Os inscritos foram incentivados a almoçar sem enxergar, o que inclui sair do escritório vendado, caminhar pelas ruas, subir e descer calçadas, entrar no restaurante, pedir ou pegar a comida, pagar... Claro, como o objetivo aqui não é matar ninguém, todos obrigatoriamente indicavam acompanhantes, pessoas de sua confiança que os guiavam em sua incursão momentânea pelo universo da escuridão.

Num mundo cada vez mais voltado para o eu, numa sociedade em que todos só pensam em primeiro lugar em si e em segundo lugar em si também, é sempre importante ter a oportunidade de viver um pouquinho o lugar do outro. No caso aqui, o outro que não enxerga, mas que nem por isso deixa de perceber o mundo. Como disse uma das participantes, "O nome Troca de Olhar reflete bastante o que senti durante a experiência de não ter a visão. Redescobrir-se e aos outros. Entre o primeiro passo dado tendo que confiar completamente em alguém até manipular uma faca ou mesmo servir-se de café (com a bebida quente é muito mais complicado colocar o dedo dentro da xícara) tudo muda. Foram 40 minutos de total insegurança onde "fazer bagunça" virou a menor das minhas preocupações. Diferente de quando experimentei a cadeira de rodas, onde o braço compensou a deficiência física, aqui perde-se grande parte das referências pois o visual impera em nossos sentidos. O braço (a força física) não resolve. Temos que confiar em coisas mais simples, contar que as coisas estão organizadas e acessíveis, confiar no nosso olfato e paladar. Abusar da audição e contar com ajuda alheia. Acho que o pior é perder a independência, a autoconfiança.

Muita coisa passou pela minha cabeça. Toquei uns 3 pedaços de bolo antes de decidir pegar um deles (afinal já os havia tocado). Pensei se ficariam com nojo de eu ter tocado a comida sem comê-la. Derrubei iogurte da colher quando a levava à boca e temia passar por lambona. Claro que depois de um tempo passamos a ligar menos para os outros; afinal estamos ali fazendo o melhor que podemos. Rapidamente minha cabeça se organizou para memorizar onde estavam as coisas ao meu redor e foi bem mais fácil lidar com elas assim, criando um pequeno universo controlado. Também reparei (para a minha surpresa) que, se estivesse só ouvindo, conseguia acompanhar duas conversas ao mesmo tempo.

Ou seja, já descobri que não escuto tudo o que posso ouvir. Eu sabia que ganharia uma nova perspectiva, mas foi além, muito mais do que eu esperava. Me dei conta do grande universo não controlado que os deficientes visuais encaram todos os dias. Aqui no trabalho mesmo, cada bancada das copas está arrumada de um jeito, e quando muda a Copeira, muda a arrumação.

Imagino como eles se viram. Não há independência que resista! Extrapolando isso para o mundo, vejo o quanto temos que evoluir em acessibilidade. A gente se descobre em cada gesto simples. O que mais me tocou foi a possibilidade de se abrir para a solidariedade, de ver como somos vulneráveis nas nossas limitações, e que elas vão muito além dos nossos sentidos. E às vezes, o que nos falta é justamente SENTIR. Sentir mais solidariedade, mais cuidado, mais atenção, mais amor! Sentir mais a vida que nos cerca e nos surpreende em ações tão simples."

Mas e o que se sente quando de repente te privam do sentido que é de longe o mais utilizado para viver e experienciar o mundo? Outra participante responde: "A primeira sensação é de medo, medo de cair, medo de derrubar tudo etc... Depois que comecei a me acostumar, veio no pensamento a pergunta: como eles conseguem? São muitos os desafios: andar na rua, se vestir, coisas simples como saber a hora, fazer um pagamento no restaurante, contar com a ajuda de pessoas, que são muitas vezes estranhos. As pessoas com deficiência visual talvez não saibam o quanto eles são guerreiros, fantásticos, verdadeiros campeões! Isso só nos faz valorizar a cada dia o que somos e o que temos!"

Medo? "Peço licença para expressar-me, em poucas palavras, a sensação incrível de solidão e medo sentida, apesar de saber que todos estavam à sua volta. No momento que os meus olhos foram vendados e entramos na copa, senti que alguma coisa no ambiente havia mudado. A mesma mesa que utilizamos no dia a dia para fazer as refeições parecia estar maior. Senti muita dificuldade em encontrar os alimentos e fazer uso deles. Sujei os dedos e a ponta da orelha de iogurte! Fora o dedo dentro do suco e do café quente. Ah, o café ficou melado tb! Rs Foi uma experiência incrível! Dava para ouvir a conversa das pessoas das outras mesas... Como a audição fica apurada! Enfim, todos deviam passar por essa experiência, pelo menos uma vez na vida. PARA MIM, a deficiência visual é a pior de todas!"

Sem a visão, os demais sentidos aparecem com muito mais força, não porque eles tenham melhorado a performance de um momento para o outro; é simplesmente porque as pessoas, tão acostumadas a apenas dar valor ao visual, de repente descobrem que estão também diante de sensações auditivas, táteis, olfativas e gustativas. Um dos participantes me contou que ele nunca tinha percebido quão pesado pode ser um garfo!

"Ter vivenciado essa experiência mudou (literalmente) minha maneira de enxergar a vida!! Sofro pela dependência dos óculos, por possuir quase dez graus de miopia e uma córnea não muito saudável, mas a partir dessa experiência, percebi o quanto outros valores importam muito mais! Por outro lado, a gente sentiu na prática o que as pessoas passam, seus obstáculos enfrentados e suas referências."

E de repente faz-se a luz! Depois de uma hora vendados e procurando se encontrar com mãos e ouvidos, os participantes da modalidade Light eram autorizados a tirar a venda.

E como é o mundo após o retorno da visão? A sensação de surpresa que experimentavam era imensa e indescritível. O "ohhhhhhhh", ecoando pela sala de todas as bocas, de quem imaginou o ambiente e o coleguinha de mesa totalmente diferente do que na verdade eram.

Curioso demais foi observar que, uma vez sem venda, todos se apresentavam, como se tivessem se conhecido naquele exato momento, como se não estivessem conversando há 40 minutos, como se só existisse vida após terem tirado a venda. Viu como o visual é muito preponderante!

Demais sentidos mais aguçados, ter de confiar e depender de pessoas que você não conhece para tarefas simples e corriqueiras, sensação de não entender completamente onde se está, perda de independência e autonomia, tudo foi percebido e sentido, junto e misturado, pelos que se aventuraram a trocar seu olhar. Desafios? Bem, esse é só mais um dia na minha vida! Sejam bem vindos ao meu mundo! E que bom que tantos toparam e continuam topando essa experiência.

PELA PORTA DA FRENTE

Em um domingo, em 2014, tive uma missão dupla no Maracanã. Estava no jogo do Glorioso para gravar um documentário do Sportv sobre como cegos torcem para seu time do coração, a segunda parte de uma filmagem que já tinha sido feita na minha casa com as minhas miniaturas de estádios de futebol. Além disso, aquele Botafogo e Internacional, que dentro de campo marcava a estreia de Emerson Sheik com a camisa do Botafogo, fora das 4 linhas também tinha a sua primeira vez. A Urece e a CAF levaram a cabo o primeiro treinamento *in loco* dos voluntários que fariam a audiodescrição nos jogos da Copa do Mundo.

Antes de tudo, é bom pontuar que a experiência que vivi nesse dia também foi uma estreia. Sim, porque, apesar de amar futebol, de já ter ido uma centena de vezes a estádios em três países diferentes e de inclusive ter participado no treinamento teórico dessa turma, de audiodescrição mesmo, no duro, eu entendia nada. Ou, para ser um pouquinho mais benevolente comigo, entendia apenas o teórico. Minha única experiência com um serviço assim tinha sido na Alemanha (e portanto em alemão), em ocasião que para mim ficou muito mais marcada por ter descoberto que existe esta preocupação com o torcedor com deficiência visual. Mas minha limitação linguística em relação ao idioma de Goethe não me permitiu desfrutar da narração em si.

Domingo eu pude. E acabou que o destino me deu a oportunidade de ter logo uma experiência dupla: no primeiro tempo, optei pela rádio, com os locutores tão meus velhos conhecidos, companheiros de tantas jornadas, vozes de gols que tenho gravados na mente, coração e HD. E eles transmitem com emoção! Enquanto lutava contra as interferências que insistiam em atingir meu radinho de pilha, pensava, "bem que eles podiam conversar um pouco menos!". A todo o momento, virara para o meu amigo Nicholas, sentado ao meu lado na arquibancada, e perguntava: "com que time está a bola?", uma indagação bem básica no futebol, principalmente para quem está no estádio, né? Porque o rádio não é só o jogo. A missão das rádios é informar os ouvintes, estejam eles no estádio ou no sofá de casa, a respeito de tudo o que está acontecendo, tanto aspectos ligados ao jogo em si (discussões sobre o potencial do elenco alvinegro e das chances de um eventual rebaixamento) quanto, claro, de notícias nada esportivas (morte do dançarino DG, protestos de moradores em Copacabana). E o jogo rolando! Por outro lado, esses caras já fazem isso há muitos e muitos anos, eles sabem como se faz!

No segundo tempo, migrei para a audiodescrição, com um certo friozinho na barriga. Confesso mesmo que tinha medo de não gostar, tão acostumado que estou com o jeito de narrar do rádio. Será que eles vão transmitir emoção na medida certa sem prejudicar o conteúdo apresentado? Será que eles vão se concentrar no jogo e fazer com que eu tenha uma visão mais geral de tudo o que envolve o espetáculo nas 4 linhas, que é o que realmente importa? Será que não vou me deparar com narradores amadores que vão me fazer sentir saudades da rádio em 5 minutos? Será que não vou escutá-los apenas porque faço parte do projeto e então é preciso prestigiar? E será que, ao fim de tudo, terei de dizê-los que "não, vocês não conseguiram!"? Porque, na teoria, tudo é lindo, uma narração voltada para as necessidades das pessoas com deficiência visual, mas e na prática? Afinal de contas, eu nunca mesmo tinha ouvido uma audiodescrição. Como diz o outro, treino é treino e jogo é jogo, e vice-versa? Pois é, eu não sei, ou, eu não sabia.

E daí o friozinho no estômago, enquanto apertava os dois fones dentro do ouvido na intenção de escutá-los. Com o que me deparei foi com uma dupla de narradores tão entrosada que, sinceramente, às vezes nem me dava conta de que tinham passado do Eduardo para o Pablo.

Descrições precisas das jogadas, complementos com informações pontuais e interessantes (muito bom saber que o Emerson chamou o bandeirinha de cego ou que havia uma torcedora quase se batendo com a camisa alvinegra), sem falar que em ambos os gols, eles, em cima do lance, não apenas descreveram a jogada de forma concisa e perfeita como também, pasmei, acertaram o cara que marcou o gol. E não, isso não é simples, sempre cito o exemplo de um locutor de mais de trinta anos de rádio que, no afã de narrar rápido, protagoniza lances como "Cruzou na área, tocou Loco Abreu, gol!", apenas para ser interrompido pelo repórter de campo, no meio do grito de gol, "Seedorf", corrigindo o que havia sido dito. Isso não uma, nem duas vezes, isso acontece sempre. Daí ver os meninos, em seu primeiro dia, sem ajuda de qualquer recurso eletrônico (eles só tinham a visão do campo), ultrapassando tão significativa barreira, foi algo que me encheu os olhos. De lágrimas quase!

E não perguntei uma vez sequer ao meu amigo Nicholas o que estava acontecendo em campo. Antes contei a ele que o nosso atacante xingou o bandeirinha de cego! Justo de cego!

E, como numa aprovação dos deuses do futebol, o Botafogo, que no primeiro tempo levou um baile e dois gols do Inter (que a rádio me contou com preocupação) se superou na segunda etapa e empatou a partida (com Pablo e Eduardo me contando com emoção!).

Claro, não estou aqui para desenhar o mundo perfeito. Há ainda muito o que melhorar (e estranho seria se não houvesse), mas a verdade é que já iniciamos lá no alto, num padrão anos-luz acima do que eu esperava quando começamos a discutir como pensávamos uma audiodescrição para a Copa do Mundo. Nos dois dias de treinamento frisei muito que estávamos em busca de uma linguagem, tanto que eu mesmo já mudei minha opinião diversas vezes sobre o que se deve ou não fazer. Que estamos mais perto de criar o nosso próprio caminho, uma narração audiodescritiva que é eficiente na sua missão de dar informação mas que, graças ao jeito extrovertido de Pablo e Eduardo, não deixa de lado a vertente brincalhona e informal do brasileiro. Não é jornalismo, é audiodescrição! Aprimorando algo que já existe na Europa e dando o nosso carimbo, a marca do País do Futebol, nós temos de tudo para ir longe! Foi a primeira vez deles na narração audiodescritiva e a minha primeira vez escutando um jogo audiodescrito para mim. E é mesmo verdade, a primeira vez a gente nunca esquece!

Mas, além de tudo, senti algo que não me lembro de experimentar há muito tempo. Para bem além das considerações esportivas, a audiodescrição me fez sentir único, me fez viver um dia de cliente. Nós cegos, em geral, utilizamos muitas das coisas pelo que eu chamo de porta dos fundos, como se tivéssemos sempre que fazer uma gambiarra para ter acesso; mas domingo não; nesse 27 de abril de 2014, eu tive um serviço que era feito para mim. Ali, pendurado no celular, eu sorria porque sabia que numa salinha do Maracanã havia um grupo de pessoas trabalhando para atender a uma necessidade nossa. Não, não arrombamos a porta da cozinha, entramos com todo o glamour pela porta da frente da acessibilidade, como quase nunca acontece na vida. Parabéns!

AFINAL A FINAL

Nunca imaginei ver uma final de Copa do Mundo e acho que a ficha só caiu mesmo quando, na plataforma da estação de metrô, ouvi que os anúncios estavam sendo feitos em espanhol e até em alemão. Logo o metrô do Rio, que muitas vezes nem tem os anúncios em português. Mas é Copa do Mundo, amigo! Haja coração!

Como chegamos cedo ao Maracanã, tivemos bastante tempo para ir ao banheiro (aliás, ponto positivo realmente foi o banheiro para deficientes, que estava tão cheiroso quanto o da minha casa) e de sentarmos com calma. Os nossos lugares, situados atrás de um dos gols, eram no meio da torcida argentina. Como em geral acontece, é naquela posição que se concentra os mais fanáticos, a torcida organizada que, no caso de nossos vizinhos sul-americanos, são os temidos barra bravas. Estar perto deles significava termos de aturar a invasão do espaço à nossa frente, com os constantes pisões e cotoveladas que levávamos devido a seus movimentos expansivos, bem como muitos banhos involuntários de cerveja.

Foi nesse clima que assisti ao show de encerramento, com direito a audiodescrição (quem diria que um dia eu ia viver algo assim!).

Com a aproximação do início da partida, os argentinos foram ocupando os espaços ao nosso redor. Um deles sentou no assento ao meu lado e começou a cantar e a pular enlouquecidamente com a bandeira perto da gente. Era aquela musiquinha do "Brasil decime qué se siente", que todos que estiveram no Brasil durante a Copa devem ter escutado nas ruas, metrôs, trens, praças, praias etc.

Apesar de o hino alemão ser impactante e poderoso, o da Argentina foi incrível, com eles cantando a plenos pulmões uma parte que é só instrumental, porque, como me explicou o próprio vizinho argentino, a introdução do hino deles é tão grande, que a execução é interrompida antes da letra realmente começar.

A partida começou, mas logo ficou claro que não teríamos um jogo movimentado, como aliás foi a sina das pelejas da Copa disputadas no estádio do Maracanã. Nas arquibancadas, a torcida da Argentina estava tensa. A empolgação inicial deu lugar a uma tensão mal disfarçada, com o silêncio predominando em alguns momentos. Aliás, nesse jogo, caiu o mito de que a torcida argentina canta o jogo inteiro, isso de que eles apoiam incondicionalmente não é verdade.

Claro, numa comparação direta com a torcida da Seleção Brasileira dos estádios (à exceção, talvez, daquela do Maracanã na Copa das Confederações do ano passado), eles vencem com facilidade, até porque eles têm uma cultura de torcer por sua equipe nacional. Se é inegável que eles têm muitas canções, a maioria delas sobre nós, é verdade também que, em vários momentos da partida, o silêncio foi tão constrangedor, que eles próprios puxavam pelos demais com um grito que dizia "se não cantamos, parecemos brasileiros" (sim, até nessa hora eles falavam do Brasil).

É impressionante como eles cantaram sobre nós quase que o jogo inteiro. Existem outras canções como "vamos repetir 86", "esta milongueira não vai parar de te apoiar" e também a "cada dia te quero mais", mas a maior parte é mesmo sobre o Brasil. Capitaneadas pelo "Brasil decime qué se siente", também havia uma versão do "mil Gols" que repetia o tempo todo a palavra puto (bicha em espanhol), com apenas um intervalo em que diziam o nome do Pelé.

É engraçado e curioso ver como eles só pensam em nós o tempo todo.

Futebolisticamente, isso não faz muito sentido, porque nós temos mais que o dobro do número de Copas do Mundo deles (5 contra 2), mas também, ainda que eles fossem maioria naquela área das arquibancadas, havia vários brasileiros, fato que, em vez de desestimulá-los, parecia ser o combustível final para que cantassem mais forte e pulassem mais alto, quase sempre invadindo o espaço do amiguinho ao lado.

Com tudo isso, claro que não dava para torcer para a Argentina, ainda que me desse uma certa empatia ver o quanto aquela partida era importante para todos os que nos cercavam.

Eu acompanhava o jogo pela narração audiodescritiva, vendo a partida se arrastar para o que parecia ser mais uma disputa de pênaltis.

Mas hoje o gol saiu. Sim, saiu o gol. Ouvi o Eduardo, na narração audiodescritiva, contar claramente que Andre Schürrle cruzou na primeira trave, e Götze dominou no peito, batendo em seguida no alto, sem deixar a bola cair. Eram 8 minutos do segundo tempo da prorrogação e o Maracanã explodia. OK, um lado do Maracanã, onde brasileiros e alemães se concentravam e confraternizavam. E que não era o nosso.

Eu, já sabendo que estava no meio dos argentinos, vibrei apenas por dentro, mas como outros não devem ter tido a mesma parcimônia (não que devessem), não deu cinco segundos e uma água que eu espero muito que seja cerveja caiu sobre nós em forma de várias gotas espaçadas. Um dos amigos que estavam acompanhando o nosso grupo de mais de 20 pessoas com deficiência visual, foi agredido ao comemorar o gol alemão, tendo o fone de ouvido, um novinho que eu comprei naquela semana e que lhe havia emprestado para que ele também pudesse acompanhar a narração audiodescritiva, sido arrebentado pelos barra bravas. E, antes que eu pudesse pensar no que estava acontecendo, ouvi alguém gritando para sairmos, que "a porrada está comendo".

Não entendi nada, levantei bolado... Como assim? Os caras gritam o jogo todo contra nós e agora não aguentam que as pessoas celebrem o gol da Alemanha? Ouvia o "Mil Gols!" entoado com toda a força do outro lado do estádio, mas nem pude participar do momento pelo qual eu tanto esperava. Contagiado, até esbocei uma participação, mas aí o argentino que estava sentado ao meu lado direito e com quem trocara algumas palavras, apareceu correndo, "callate, por favor, lío!" ("cala a boca, por favor, confusão!"), avisou, antes de partir para o outro lado, como tentando apaziguar as coisas.

Mas não havia o que fazer. Nós, cegos e nossos acompanhantes, tivemos que sair correndo de nossa fileira, na direção das escadas e para perto da segurança.

As meninas cegas que estavam no grupo me perguntaram o que estava acontecendo, mas eu não sabia dizer. Ao nosso redor, algumas discussões pipocavam, os seguranças às vezes corriam de um lado para o outro, e a gente ali no meio, sem saber exatamente o que fazer, para onde correr e, pior do que isso, sem poder acompanhar os momentos finais da melhor copa de todos os tempos. Eu só não entrei em pânico, como quase aconteceu com várias pessoas ao meu redor, porque estávamos na parte debaixo das arquibancadas, bem perto de um parapeito que nos separava do campo de jogo e sobre o qual seria fácil saltar se algo de mais grave acontecesse. Pelo menos era o que eu pensava naquela hora, depois me disseram que são bem uns 2 metros de altura. A ignorância às vezes é uma bênção!

E, tentando não exagerar, até porque não fui dominado pelo medo em nenhum momento, estivemos bem perto de ter que recorrer a este expediente.

Com o andamento do jogo (não que eu o tenha conseguido ouvir), a situação tensa ao nosso redor flutuava: às vezes era uma calma tensa, interrompida por focos de discussões e, pior, por uma súbita ação dos seguranças que, como movidos por poderosas molas, de repente desandavam a correr em direção a uma determinada área da arquibancada. Sim, a coisa estava tensa, ainda que a ameaça não estivesse bem definida, porque ao mesmo tempo que não vinha de uma fonte específica, parecia estar em toda a parte.

Até um simples pegar na câmera para tirar fotos gerou um olhar desconfiado de uma argentina que estava próxima. Ao mesmo tempo, um rapaz que estava atrás de mim começou a me cutucar diversas vezes, mas nunca respondia quando eu perguntava o que aconteceu. Depois que disseram que eu era cego, o cara me abraçou. Não foi um abraço qualquer, ele me pegou por trás, me enlaçou o peito com seus braços e eu, sem saber exatamente o que estava acontecendo, consegui me virar de frente para o cara.

Sua intenção, todavia, era pacífica. "Estamos perdendo", foi o que ele conseguiu dizer, em meio a soluços que faziam estremecer sua barriga. Nesse momento, senti pena. Não deveria, mas tive pena dele e dos milhares de argentinos que estavam ali, prestes a ver um sonho acabar de forma tão abrupta e definitiva. Como apaixonado por futebol, entendia o sentimento, "sei o que você deve estar sentindo", foi o que eu disse a ele.

Em campo, e essa foi a primeira vez que conseguia saber o que ocorria no gramado desde o gol alemão, a Argentina tinha uma falta para bater. Messi estava posicionado e foi aí que eu soube que já tínhamos 16 minutos do segundo tempo da prorrogação. Como os 8 minutos anteriores passaram, eu não sei, mas passaram. E eu me vi ali, enlaçado de uma maneira íntima demais por um argentino que eu não conhecia e que, com a cabeça deitada no meu ombro, tinha sua última esperança de reverter o drama que ele estava vivendo.

Mas qualquer esperança findou-se no chute pelos ares de seu craque maior. O cara era o mesmo que, durante todo o jogo, ficou pulando há algumas poltronas de nós, cantando efusivamente o maldito "Decime dime qué si siente". Era o que eu deveria ter lhe perguntado ao apito final do juiz, quando ele, conformado com a derrota (ou melhor, ciente de que não havia mais nada a ser feito), finalmente me soltou.

Não comemorei, não fiz o que vinha planejando há muito: gritar por tudo o que eu ouvi nos 30 dias anteriores, provocações no metrô, nas ruas e em todos os lugares.

Mas que nada! O estar ali em meio aos argentinos e o, de certa forma, solidarizar-me com o que sentiam (e não com a maneira como agiam), me fez frear meus impulsos. E assim que o fim da Copa do Mundo me pegou com uma atitude quase indiferente, distanciamento que só aumentou com a música em volume máximo que põem no estádio quando não há bola rolando.

Afinal, o final. Ufa! Contudo, o fim do jogo não representou o fim das hostilidades. Pelo contrário: sem ter mais com o que se entreter em campo, eles pareciam querer descontar sua frustração nos que estavam ao redor. A gente quieto, vendo apenas de longe o restante do estádio comemorar, eu ouvindo o pessoal da audiodescrição contar como estava sendo a vibração alemã, mas com os sentidos em alerta. Um torcedor atrás de mim, enlouquecido, passava o tempo gritando, com todo o ódio do mundo: "Cholos! Hijos de puta! Si lo comieron siete!". Nós, encostados ao parapeito, tentávamos aproveitar a festa, mesmo sem poder participar dela. Até que senti que me agarravam pela alça da mochila e me puxavam como se quisessem me erguer no ar. Virei indignado, "Que é isso?", perguntei, ao mesmo tempo em que segurava com força o braço do sujeito que tentava... Bem, sei lá o que ele queria, acho que só mesmo arrumar confusão com alguém. Era o mesmo que estava xingando os brasileiros em altos brados. Ele, não sei se porque não esperava uma reação tão veemente ou se porque viu que eu era cego, me pediu desculpas. E se nada de mais grave aconteceu, devemos aos seguranças que, espalhados por toda a parte, não apenas garantiram a nossa integridade física, como também, ali naquele quase tumulto, ainda criaram um plano de contingência, se a coisa apertasse, eles abririam um portãozinho que dava acesso ao campo, por onde deveríamos escapar. Houve um momento em que um grupo de guardas veio correndo do campo e, enquanto subiam a tal escadinha, gritavam "Pula! Pula!". Não deu outra, já fui eu botando o pé por cima do portão, pronto para escapar e teria chegado ao gramado se não me avisassem que a ordem não era para mim. De todos os modos, aos trancos e barrancos, ficamos ali até o final das festividades. Mesmo assim, ficou aquele sabor agridoce! Quando olho para trás e me dou conta de que, na final da Copa do Mundo eu não pude torcer para a seleção que escolhi torcer e tampouco celebrar o gol e mesmo curtir o resultado, eu me sinto realmente frustrado. Que adianta estádios padrão-Fifa se os torcedores são padrão Idade da Pedra? E aí temos o que tivemos nesse domingo: nós, escolhendo legitimamente uma seleção, não apenas não pudemos torcer durante o jogo como também passamos os últimos minutos da prorrogação acuados, sem saber exatamente o que estava acontecendo. Queria ter comemorado junto com os alemães e sair de alma lavada, mas, infelizmente, a estupidez venceu novamente. Ao menos fora de campo, porque, para o bem do futebol, esportivamente a justiça foi feita, premiando com o título a melhor equipe da competição.

NEM BRANCO NEM AZUL...
ERA PRETO MESMO!

Até a hora do almoço, eu nunca tinha ouvido falar na polêmica de cores do tal vestido que às vezes se vê azul e às vezes se vê preto.

E, a partir de então, eu só ouvi falar nisso. O Eduardo foi quem puxou o assunto, na mesa do simpático restaurante, um dos raros que hoje em dia consegue unir atendimento rápido, boa comida, preço acessível, comanda individual...

Éramos seis pessoas, cinco delas emitindo opiniões cromáticas a respeito de cores que eu nem sei sequer se imagino como são. Até os 5 para os 6 anos, eu enxergava, pouco demais, é verdade, mas enxergava, o suficiente para me lembrar das canoplas dos microfones das emissoras de televisão: um entrevistado no meio e diversos microfones, exibindo os símbolos da Globo, TV Bandeirantes, Manchete etc. Memória inútil, eu sei, mas o que se há de fazer?

Isso tem uma explicação: é que eu, mesmo enxergando bem pouquinho, conseguia ver televisão. E televisão tem uma vantagem: quando se pode vê-la, se vê tudo o que está nela; não é como olhar por uma janela, em que minha pouca visão permitiria ver apenas alguns parcos centímetros a minha frente. Diante da tv, esses poucos centímetros já eram suficientes para eu ver tudo o que havia para ver. Não é à toa que as imagens televisivas representem boa parte dos fragmentos visuais de que eu consigo me recordar. Sim, a televisão foi minha verdadeira janela para o mundo, para o meu mundo de criança de 4 para 5 anos de idade, prestes a perder para sempre o resquício visual.

Uma criança de 5 anos de pé, com os olhos bem colados na tela, tanto que minha família até dizia, "assim você vai acabar perdendo a vista". Bem, a vista continua aqui, ela só não funciona mais; de certa forma, eles acertaram. A visão se foi, mas as cores ficaram; claro que, com o tempo, elas vão se desfazendo, mas eu acho que ainda tenho uma ideia de como é o azul, o amarelo, o branco, o verde e todas essas cores simples! Não me venham com "salmon" ou sei lá como se escreve isso, bege eu só sei porque o meu pai durante anos teve um Chevette bege do qual seria até ingrato não me lembrar.

Recordo perfeitamente que quando era criança, todos os números e letras tinham uma cor diferente na minha mente, e hoje eu não consigo mais fazer essa correlação.

Com o tempo, tão lentamente que eu não sei precisar quando aconteceu, minha imaginação passou a não depender mais de cores ou referências visuais. Se assisto a um jogo de futebol entre, sei lá, Botafogo e Vasco, eu não fico imaginando os jogadores com seus cabelos de sei lá que penteado, com as camisas listradas e aquela faixa negra atravessada na camisa do Vasco... Engraçado que, pensando agora, me lembro exatamente de como era essa faixa e entendo quando a comparam a um cinto de segurança. imagino uns bonequinhos em formato de palito correndo e tocando a bola e fazendo as jogadas, como se fosse uma imaginação em 8 bits, quase um Elifoot, em que as palavras por vezes substituem os bonequinhos.

Pela falta de uso, as imagens das cores foram se desvanecendo. E hoje são apenas curiosidades no canto mais empoeirado da minha memória de ex-vidente. Sei que é difícil para vocês conceberem isso, mas eu já não preciso mais das cores! O que não quer dizer que não tenha curiosidades para saber como são as coisas e as pessoas, mas vou construindo tudo com referenciais táteis, desconectando-me dos parâmetros visuais. Daí a importância da minha "coleção de fotos táteis".

Voltando a esta tarde quentíssima de sexta-feira, coincidiu de ficarmos sem rede por alguns minutos no escritório, quando todos aproveitaram para comparar suas impressões sobre o vestido! E eu ali, me sentindo como o mendigo que se senta a ouvir os que discutem se preferem mexilhão ou ostra ou como o botafoguense na sala de troféus do Real Madrid. Para participar, até pensei em improvisar um ranking da "Comissão Marconiana para a Divulgação de Rankings Inúteis" para ver qual era a cor do vestido que era mais vista, mas daí começou a acontecer de pessoas que viam o azul daqui a pouco verem o branco e vice-versa. Esses videntes são doidos mesmo! Veem, mas não enxergam!

E então brinquei: "Para mim, o vestido é preto". Estava na Copa. Todos pararam, gargalhada geral, eu tinha conseguido participar do único assunto que dominava o dia.

As pessoas acreditam que, por eu ser cego, eu enxergue preto. Respondo que não é preto o que eu enxergo. Algumas argumentam que é preto, mas que eu não sei que é preto porquê eu não conheço o preto. E eu lhes digo: sei como é o preto e o que (não) enxergo não é preto e nem escuro.

É o nada. E o nada não é preto, é nada mesmo.

AS DEZ MELHORES COISAS DE SER CEGO

Ser cego deve ser muito triste, né? Não. Verdade que há sim algumas situações bem difíceis, mas, (não) vendo por outro lado, nós nos damos bem, muito mais do que vocês pensam.

"Vidente, se você soubesse o valor que o cego tem, tu botava venda no olho e virava cego também."

Vejam abaixo as 10 maiores vantagens de ser cego.

10) Não poder olhar pro lado: Isso é bom? Bem, em 99% das vezes, não, mas os cegos nunca podem ser acusados pelas namoradas ou esposas ciumentas de estarem olhando a gostosona que passou ou reparando no decote da atriz da novela das oito. Olha quantas brigas a gente evita!

9) Cegos não recebem papeizinhos de propaganda pela rua: A gente não é obrigado a receber e guardar panfletos. Quer desculpa melhor para não pegar aquelas propagandas que quase te obrigam a receber que ser cego? Genial! Nada de ter de procurar depois uma lixeira para jogar fora.

Por não vermos que nos estendem a mão para nos entregar algo, a gente simplesmente não recebe e não fica mal por isso. À vezes é o próprio distribuidor de papeizinhos quem, percebendo que não enxergamos e sem saber como se dirigir a nós, decide deliberadamente nos excluir de seu reparto.

8) Usar o computador debaixo da mesa: Reunião chata, aquela mesa gigante, todo mundo olhando os slides tão coloridos e cheios de setinhas e você, sem enxergar nada, lutando pro olhinho não fechar. Meus problemas acabaram! Ou pelo menos, esse problema. Solução? É só pegar o computador portátil (um netbook é ideal) e botar ele no seu colo, por baixo da mesa. Ninguém na sala imagina que você está utilizando seu computador pessoal em plena reunião de diretoria, como eu estou fazendo agora. (brincadeirinha, chefe!). Mas certamente isso vocês nunca imaginaram. E tem vezes que é bem útil, salva mesmo! Melhor que fechar os olhos e... Bem, vamos ao número 7.

7) Cegos fecham os olhos e não são acusados de estarem dormindo: No meu primeiro grau, eu tinha uma professora de Geografia que afirmava com toda a certeza: "O Marcos eu sei que mesmo estando com os olhos fechados, está prestando atenção no que eu falo"... Bem, as boas notas que eu tirava na matéria se deviam ao meu desmedido interesse por povos, países, continentes, capitais, montanhas e afins. Nas aulas... Eu apoiava a cabeça na mão e dormia de sonhar!

6) Cegos não reparam: Sabe aquelas infinitas discussões que começam com um "você nem reparou que eu cortei o cabelo?". Então, nós não temos, nunca. Quer desculpa ideal para não reparar que sua namorada aparou as pontas ou que ela fez escova marroquina, árabe, palestina ou luzes (ainda por cima luzes!!!) nas raízes das mexas cacheadas, sem ser acusado de "Não ter olhos mais pra mim!"? É, meus olhos não são nem pra mim...

5) Medo de altura: E você já viu cego com medo de altura? Quando eu tive a oportunidade de esquiar, uma das perguntas que mais me fizeram foi "Você não teve medo da altura?". Mas se eu não vi nada, 200 ou 2 mil metros dão no mesmo... Isso também pode ser aplicado aos aparelhos gigantescos dos dentistas, que vocês morrem de medo só em olhar.

Tá certo, sem ver a gente pode imaginar que o bicho é pior do que é, mas como aqui eu prometi listar as 10 melhores coisas de ser cego, deixemos isso para outro dia.

4) Ver televisão do banheiro: E de repente vem aquela baita vontade de fazer xixi, bem no último bloco da novela ou nos minutos finais do jogo... O que você faz?

Se contorce e fica rezando para o intervalo começar! Pobres videntes! Pois eu levanto e vou ao banheiro. No máximo, aumento o volume da televisão, mas continuo acompanhando tudo normalmente.

Nessas horas, e só nelas, é uma imensa vantagem não ter de ver para assistir.

3) Usar computador ou celular com o monitor desligado: Garante a privacidade e ainda economiza a energia do planeta, sem falar que, por conta disso, a bateria dos nossos smartphones dura mais que a do de vocês!

2) Dormir em ambientes claros ou com a luz acesa: dispensa explicações... Você vai querer ser cego na próxima vez que precisar de escuro e não tiver!

1) Não temos nojinhos visuais: Sabe aquelas comidas que vocês não comem de jeito nenhum porque são feias? Então, quem vê cara não vê coração; ou melhor, não come.

E por isso a maioria das pessoas perde comidas deliciosas como rabada, a macia e deliciosa língua de boi, não sabem apreciar uma dobradinha e jamais teriam a coragem de devorar um scargot numa barraquinha de Bruxelas, como eu fiz (e meu amigo vidente, não).

Bônus: Não enxergar: Não enxergar pode ser vantajoso? Ah, se pode... Você tem de ir àquela festa, não pode faltar de jeito nenhum, mas está bolado porque há grandes chances de que sua ex (ou similares) esteja lá e você não sabe muito bem como se comportar; falar ou não falar, eis a questão.

O que fazer? Acenar de longe! Que nada!

A gente finge que não vê e ninguém vai chamar a gente de mal educado por isso. E, por não enxergarmos, ainda temos o bônus adicional de passarmos toda essa carga emocional chata do "falo ou não falo" para a outra pessoa.

Enquanto eu estou lá, de cabeça erguida, curtindo minha festa, é a outra pessoa quem está matutando como vai agir. Como não pode passar junto a mim e não falar (sob pena de ser julgada por enganar o ceguinho ou mesmo denunciada por algum gaiato), ela ainda tem que ficar restrita ao quadrante mais distante possível. Bem feito! Quem mandou enxergar?

Este livro foi composto
em papel Off Set 75g/m²
e impresso em junho de 2020

Que este livro dure até antes do fim do mundo